MW00974452

CANCIONERO
Y ROMANCERO
DE AUSENCIAS

LITERATURA

ESPASA CALPE

MIGUEL
HERNÁNDEZ

CANCIONERO
Y ROMANCERO
DE AUSENCIAS

Edición
José Carlos Rovira

COLECCIÓN AUSTRAL

ESPASA CALPE

Primera edición: 18-VII-1990

—

© *Herederos de Miguel Hernández*

© *De esta edición: Espasa-Calpe, S. A.*

—

Maqueta de cubierta: Enric Satué

—

Depósito legal: M. 25.221—1990

ISBN 84—239—1951—X

Impreso en España
Printed in Spain

Talleres gráficos de la Editorial Espasa-Calpe, S. A.
Carretera de Irún, km. 12,200. 28049 Madrid

ÍNDICE

INTRODUCCIÓN

PARA JUSTIFICAR ESTA NUEVA EDICIÓN
DEL «CANCIONERO»

Hay libros que nos acaban acompañando siempre, que en cuanto fueron en el pasado una obsesión
crítica se convierten, al pasar el tiempo, en un texto
frecuentado y seguido por páginas propias que casi
acaban perteneciendo a una historia personal que
nos envejece. Perdóneseme este impudor inicial bio-
gráfico, motivado por haberme dedicado durante
bastantes años al texto que hoy, de nuevo, edito:
una monografía en 1976[1], una edición en 1978[2], la
publicación, transcripción y anotación del facsímil
del núcleo de la obra en 1985[3], junto a media doce-
na más de estudios y ediciones dedicadas a la obra
de este poeta, son bastantes intervenciones para te-

---

[1]   José Carlos Rovira, *«Cancionero y romancero de ausencias
de Miguel Hernández». Aproximación crítica,* Alicante, IEA, 1976.
[2]   M. H., *Cancionero y romancero de ausencias,* ed. José Carlos
Rovira, Barcelona, Lumen, 1978. En trabajos posteriores anulé
una parte de las propuestas que realizaba en esta edición.
[3]   M. H., *Cancionero y romancero de ausencias,* ed. de José
Carlos Rovira, Alicante, Instituto Gil-Albert, 1985. Contiene la
reproducción facsímil del cuaderno del *Cancionero.*

ner que justificar ahora por qué —y sobre todo cómo— se edita de nuevo esta obra por un antiguo editor de ella. Afirmaré entonces que esta nueva edición es, en buena medida, nueva, es decir, capaz de modificar en cualquier caso las anteriores y, entre ellas, las propias, sobre todo aquella de 1978 a la que ya tuve ocasión de anular en alguna medida con el facsímil del 85.

La incorporación de cinco poemas inéditos y de nueve anticipados en una revista y, por tanto, que aparecen por primera vez aquí en libro, es una de sus primeras diferencias.

HISTORIA ÚLTIMA DE UN POETA Y UN TEXTO

El CANCIONERO Y ROMANCERO DE AUSENCIAS es la hipótesis de una obra que no tuvo conclusión. Unos datos se hacen necesarios para entender por qué el poeta no la finalizó.

En 1938, el poeta Miguel Hernández comienza a vivir el final de una guerra espantosa que acabará en abril de 1939: el final significa para el poeta un recorrido, tras una huida imposible y su detención en Rosal de la Frontera, por una geografía que se llama Prisión de Torrijos de Madrid, de donde saldrá por un breve período el 17 de septiembre, para ser detenido de nuevo en Orihuela el 29 del mismo mes. Y luego, desde diciembre, las prisiones de Conde de Toreno en Madrid (donde se le juzga y se le condena a muerte, conmutándosele la pena por treinta años), y de aquí Palencia, Ocaña, Alicante, donde llega enfermo y comienza, en junio de 1941, una dramática lucha por la supervivencia que acaba en 1942, con la muerte del poeta.

Hasta 1938 una corta e intensa escritura había generado en el ámbito poético cuatro obras de diferente intención: la metaforización gongorina de la natu-

raleza en *Perito en Lunas* (1934), la simbólica construcción de la pesadumbre y el amor en *El rayo que
no cesa* (1936), el aliento épico de la contienda inci-
vil en *Viento del pueblo* (1937) y *El hombre acecha*
(1938-39), junto a su intenso aprendizaje teatral, for-
mando una escritura acompañada por centenares de
páginas más que configuraron ediciones posteriores
de su obra. Entre esas páginas, hay un conjunto de
poemas finales que, empezados a escribir en 1938,
forman un ciclo que tiene el título global de CAN-
CIONERO Y ROMANCERO DE AUSENCIAS. El final de
la guerra, la acumulación de una historia que es
ahora destrucción y muerte, el presentimiento inmediatamente materializado de la cárcel, la muerte de
su primer hijo, la ausencia de la amada, las esperanzas que provoca el nacimiento de su segundo hijo,
desarrollan una inflexión en la obra poética en la
que cae toda tonalidad épica para modular la escritura en una intimización acorde con las nuevas circunstancias. El poeta, metaforizado en ese albañil
que al construir muros labraba su cárcel, como nos
cuenta en uno de los poemas del ciclo, asume un
nuevo tono de producción, desde el final de la guerra y el primer período carcelario, que concluye
toda posibilidad de resolverse textualmente el 28 de
marzo de 1942 en la cárcel de Alicante, en la enfer-
mería en la que expira tras unos meses de dolorosa
enfermedad. Si ésta es, a grandes rasgos, la historia
personal del último Hernández, más determinantes
son ahora los textos que se vinculan a ella.

EL «CANCIONERO» O LOS «CANCIONEROS»

Llamamos CANCIONERO Y ROMANCERO DE
AUSENCIAS a un conjunto poético al que sucesivos

editores fueron dando una forma textual. Unos
ciento veinticinco poemas, escritos en las difíciles
condiciones del final de la guerra y de la cárcel, son
la base manuscrita de un texto que intencionalmente
el poeta pensó como unitario, aunque, por las circunstancias narradas, no pudo dotarlo de unidad. El
CANCIONERO es entonces un magma textual forma-
do por los siguientes materiales:

1. Un cuaderno, titulado CANCIONERO Y RO-
MANCERO DE AUSENCIAS, en octavo menor, de los
de tipo escolar, rayado y con tapas grisáceas. Cons-
ta de 66 páginas, de las que faltan algunas que fueron arrancadas, estando escrito hasta la página 50
por Miguel Hernández y continuado, posteriormente, por dos escrituras que transcriben composiciones
del poeta hasta la página 54. Las condiciones actua-
les del manuscrito presentan un deterioro máximo
causado por: la fragilidad del soporte; el material de
escritura, que fue un lápiz cuyos trazos se fueron de-
bilitando por el tiempo; y, finalmente, por lamenta-
bles repasos a tinta de los trazos débiles y anotacio-
nes al margen de versos, también a tinta, atribuibles
a alguno de los editores de la obra[4]. El texto presenta además frecuentes tachaduras que, en una parte
importante, son ilegibles. El manuscrito fue entrega-
do por Hernández a Josefina Manresa en los días siguientes a su puesta en libertad el 17 de septiembre
de 1939, debiendo de haber sido escrito hasta esas

---

[4]   Este cuaderno fue el que edité, en facsímil, en 1985. En la
actualidad se encuentra en el Archivo Municipal de Elche tras el
depósito de los materiales del poeta que obraban en propiedad de
la familia en 1986, realizado por Josefina Manresa. La totalidad
de los materiales, que clasifiqué en 1988 con la ayuda de Carmen
Alemany Bay, tienen un inventario, al que haré alguna vez referencia con el indicativo de la clasificación realizada. La del cuaderno corresponde a 163-A/335 (el primer dígito es el número de
la carpeta).

fechas, puesto que el poema que cierra el cuaderno, «Las nanas de la cebolla», se lo envió el poeta a su esposa el 12 del mismo mes, en una carta, desde la madrileña prisión de Torrijos. La fecha del comienzo del cuaderno debe centrarse inmediatamente después del 19 de octubre de 1938, tras la muerte de su hijo, ya que desde los primeros poemas está presente este motivo.

Escrito probablemente, por tanto, entre octubre de 1938 y septiembre de 1939, en él se van construyendo, por medio de 79 [5] poemas, las experiencias centrales de la muerte del primer hijo, la ausencia de la amada, el nacimiento del segundo hijo y la derrota, con frecuentes conexiones entre sí.

El manuscrito presenta la característica central de un libro inacabado. Durante su segundo encierro, al hacer llegar a Josefina Manresa otros textos, escribe detrás del autógrafo del poema «Muerte nupcial»: «Guarda bien estos originales que te envío, Josefina, en la libreta que traje de Madrid con tu retrato y el del niño» (clas: 190/A-416), lo que evidencia el sentido unitario que para el poeta tenía el conjunto de materiales elaborados en la época.

2.   Junto al cuaderno autógrafo se conservan otros materiales, cuya primera descripción precisa fue realizada por Sánchez Vidal [6]. Son manuscritos de la época que va desde mediados de 1937 a comienzos de 1941 como fechas probables. Sánchez Vidal realizó alguna propuesta de agrupación y orden que recogemos con alguna salvedad.

Denomina B «a un conjunto de poemas escritos

[5]   Son 77, más «La lluvia» e «Hijo de la luz y de la sombra», de los que sólo escribe el título. Otros poemas están transcritos fragmentariamente en el cuaderno.
[6]   En su edición de *Poesías completas,* Madrid, Aguilar, 1979. Para los fragmentos que cito a continuación, cfr. págs. 840 y sigs.

por ambas caras en cuartillas numeradas de la 1 a la 20 (faltan algunas de ellas) y tituladas por el poeta CANCIONERO DE AUSENCIAS». Este conjunto tiene una descripción por el editor que no es totalmente correcta: en primer lugar, porque la numeración no es del poeta, con lo que difícilmente podemos asegurar el orden propuesto; junto a las tres páginas que faltan en la numeración —4, 7 y 12—, hay un papel diferente, rayado, en el que se escriben otras tres —9, 13 y 14—. Al relacionar los poemas que contiene este conjunto faltan algunos, entre ellos los aportados por Leopoldo de Luis y Jorge Urrutia como inéditos en su última edición del CANCIONE-RO[7], junto a otros que publiqué en 1985[8].

Sánchez Vidal denomina C «a un conjunto de poemas que no llevan título genérico, pero que pueden relacionarse entre sí por utilizar el mismo soporte, una libreta de tamaño cuartilla, con las hojas sueltas del talonario, pero cosidas posteriormente de modo que parece reconstruir correctamente su orden, porque los poemas que tienen más de una hoja están convenientemente colocados». El conjunto al que se refería el editor, de 24 hojas cosidas, se completaba de todas formas con, al menos, 11 hojas más que pertenecían al mismo soporte y que estaban mezcladas con otros papeles de la época. En la actualidad, el citado grupo no aparece tampoco cosido[9].

---

[7]   *El hombre acecha. Cancionero y romancero de ausencias,* ed. de Leopoldo de Luis y Jorge Urrutia, Madrid, Cátedra, 1984. Se trata de los poemas numerados entre 111 y 119.

[8]   «Once poemas inéditos del *Cancionero»,* en *Canelobre,* núm. 4, verano de 1985, págs. 4-8.

[9]   Las condiciones en las que se realizó el depósito de los papeles de Miguel Hernández en el Archivo de San José de Elche, supusieron deshacer este grupo y todos los existentes, al entregar los materiales «ordenados» por tamaños en grupos de 25 hojas.

A estos grupos hay que añadir manuscritos y copias mecanográficas de poemas aislados.

CRITERIOS DE LAS EDICIONES ANTERIORES

Sobre este material trabajaron sucesivos editores sin especificar criterios al principio y haciéndolo en los últimos años. Un recorrido breve sobre las ediciones anteriores a ésta nos indicará la siguiente evolución textual de la obra:

— QE: *Obra escogida*[10]. No plantea ningún criterio textual sobre el CANCIONERO, al que separa de los *Poemas últimos*. La meritoria edición de Arturo del Hoyo tiene el valor de ser la primera que rescata, en 1952, una parte importante de los textos finales del poeta. Publica 63 poemas del CANCIONERO y 16 *Poemas últimos*. Se sirve para los primeros básicamente del cuaderno citado como A, no publicando alguno de sus poemas.

— OC: *Obras completas*[11]. Recoge la edición realizada en 1958 por Elvio Romero para la misma editorial. No hay ninguna indicación crítica de los criterios seguidos para editar la obra, la cual tiene ahora 98 poemas, a los que se unen 23 en el apartado de *Últimos poemas*. Los 98 poemas proceden de un uso libre de los manuscritos existentes, sin que denoten ningún orden en relación a los conjuntos descritos.

— Ediciones de Leopoldo de Luis y Jorge Urrutia (OPC: *Obra poética completa;* CRA1978: *Cancionero y romancero de ausencias,* 1978; CRA1984:

---

[10] M. H., *Obra escogida,* Prólogo de Arturo del Hoyo, Madrid, Aguilar, 1952.
[11] M. H., *Obras completas,* ed. de Elvio Romero y Andrés Ramón Vázquez, prólogo de María de Gracia Ifach, Buenos Aires, Losada, 1960.

Cancionero y romancero de ausencias 1984 [12]). Plantearon por primera vez un criterio editorial basado en el uso de la libreta (A), a la que se añadían el resto de los poemas no presentes en el cuaderno y procedentes de los otros manuscritos a los que se aplica un criterio cronológico y, en la última edición, de hallazgo reciente, al recuperar nueve canciones inéditas (proceden del conjunto llamado B). Separa los 119 poemas del CANCIONERO de los *Poemas últimos* (que a su vez son subdivididos en OPC al llevar algunos de éstos a un grupo llamado «Poemas no incluidos en libro III (1937-1939)»).

— PC: *Poesías completas,* ed. de Agustín Sánchez Vidal. La descripción de fuentes que antes cité, lleva a este editor a aplicar principios de crítica textual en relación a los conjuntos descritos, planteando alguna flexibilidad en su desarrollo. Considera un mismo proceso de creación el del CANCIONERO y los *Últimos poemas,* conformando el primero 105 poemas (subdivididos en tres grupos que responden a las fuentes utilizadas) y los segundos 17 poemas (subdivididos también en dos grupos). La flexibilidad enunciada lleva a alterar alguna vez el cuaderno y, como veremos a continuación, a no seguir alguna de sus indicaciones.

— CRA1985F: Se trata de la edición facsímil del cuaderno del CANCIONERO (A) que acompañé con un volumen de transcripción y notas en 1985. Reafirmaré en ésta los principios textuales que entonces expuse y que ahora me parecen cada vez más evidentes, aun a riesgo de provocar otra nueva ordena-

---

[12] M. H., *Obra poética completa,* ed. de Leopoldo de Luis y Jorge Urrutia, Madrid, Zero, 1976 (hay varias reediciones: la última en Madrid, Alianza Tres, 1982); las dos ediciones del *Cancionero,* que aparece junto a *El hombre acecha* son la de Barcelona, Planeta, 1978 y la de Madrid, Cátedra, 1984.

ción de la obra al reenfocar el conjunto de fuentes que deben acompañar la edición del cuaderno.

Comenzaré reiterando, por tanto, las ideas expuestas en aquella edición para pasar luego a discutir algunos de los criterios de los editores anteriores a los que me referiré en su momento oportuno.

Los ante-textos del «Cancionero»

Los materiales descritos en las páginas precedentes forman los ante-textos [13] de una obra nunca concluida y, por tanto, de un libro de imposible reconstrucción, porque no estamos buscando el manuscrito α sino la edición de un texto inexistente en cuanto decisión última del autor. Los tres conjuntos descritos revelan una intención unitaria o, al menos, un momento de escritura en el que el poeta escribe en la misma dirección. En los dos primeros conjuntos —A y B— está, además, manifiesta la voluntad de realizar un libro, en cuanto que el poeta los titula.

El conjunto C es otro problema. Sobre él realizó Sánchez Vidal una indicación cronológica en la que decía: «Las composiciones están más elaboradas que en B, lo que hace pensar en una cronología intermedia entre B y A. Podría situarse hacia mediados de 1939, ya que en él se incluye una dirección de Rosal de la Frontera que Miguel Hernández bien pudo utilizar para pasar a Portugal en mayo de 1939.» Sin embargo, en las once hojas que completan a las descritas por Sánchez Vidal hay poemas que llegan a *El*

---

[13] Utilizo la noción de ante-texto en el sentido de Cesare Segre, *Principios de análisis del texto literario,* Barcelona, Grijalbo, 1985, págs. 87 y sigs., para quien «Cada borrador o primera copia es, desde el punto de vista lingüístico, un texto coherente». Cfr. también J. Bellemin-Noël, *Le texte et l'avant-texte,* París, Larousse, 1972; B. Basile, «Verso una dinamica letteraria: testo e avantesto», en *Lingua e stile,* XIV, núms. 2-3, págs. 395-410.

hombre acecha («El palomar» que es un esbozo de
«Carta», siéndolo también «Madres de ansiedad po-
bladas» y «te escribo en la imborrable», que son
fragmentos del mismo poema, y «Para la libertad»)
por lo que podemos pensar que este conjunto fue
realizado al menos en parte en 1938 (es decir, Hernández utilizaba el mismo soporte en ese año ini-
ciando poemas que luego irán a *El hombre acecha,*
junto a otros que no y pertenecerán por tanto al
grupo final). La presencia entre éstos de poemas dedicados a la muerte del hijo nos permite aproximar-
lo además a octubre de aquel año. El manuscrito de
«Orillas de tu vientre» lo realizó en Cox por esa
época, según testimonio de Josefina Manresa, siendo
coetáneo este conjunto, o en todo caso anterior,
como veremos, al grupo denominado B.

Por otra parte, al cuaderno del CANCIONERO pa-
san doce poemas de C (de los que tres aparecen a su
vez en B).

Para la cronología del grupo B me parece válida
la deducción de Sánchez Vidal, para quien «parece
el eslabón entre *El hombre acecha* (particularmente
las composiciones "Canción primera", "Carta" y
"Canción última") y el CANCIONERO Y ROMANCE-
RO DE AUSENCIAS; y seguramente está compuesto,
como fechas-tope, entre mediados de 1937 y los primeros meses de 1939. Su epicentro debe de estar si-
tuado inmediatamente después de la muerte del primer hijo, en octubre de 1938». Con las reservas que
ya antes señalé para el conjunto, nos importa que
aparece por primera vez titulado como CANCIONE-
RO DE AUSENCIAS en la primera hoja, que está totalmente tachada menos en este título. De los poemas
que lo componen, cuarenta y nueve están reescritos
en el cuaderno (A), con lo que sumando los poemas
de C y B que aparecen en A obtendremos cincuenta
y ocho, es decir, que el cuaderno sólo incorpora
veintiuno a los dos conjuntos anteriores.

Parece indudable por tanto el carácter preparatorio que los dos materiales citados tienen en relación al cuaderno del CANCIONERO, en donde el poeta ha comenzado por escribir un título, CANCIONERO Y ROMANCERO DE AUSENCIAS y dejar señales para su conservación mediante un conocido juego escolar («Si este libro se perdiera / como puede suceder, / se ruega a quien se lo encuentre / me lo sepa devolver. / Si quiere saber mi nombre / aquí abajo lo pondré. / Con perdón suyo me llamo / M. Hernández Gilabert. / El domicilio en la cárcel, / visitas de seis a seis», dice en la contraportada).

En cuanto material para la preparación de un libro, el cuaderno del CANCIONERO es la referencia más valiosa, en el conjunto de materiales de la época, de lo que este libro iba a ser: la presencia de páginas en blanco, o de puntos suspensivos en el interior de algunos poemas, o de versos escritos en los márgenes y luego tachados, con lo que anticipa también a veces comienzos de poemas que aparecerán luego, forman un conjunto de indicios de que el poeta no sólo está copiando, sino también recordando materiales ya escritos y estructurando a la vez una obra que, titulada en la primera página, constituye en la actualidad un propósito textual más que el conjunto acabado que las sucesivas ediciones parecen presentar. El CANCIONERO es, en este sentido, un manuscrito incompleto que transmite detalles de la voluntad de estructuración de una obra, pero las circunstancias de la escritura impiden que podamos ver en él más que el propósito de algo que, curiosamente, se encontrará por sus resultados entre las producciones de más aliento de Hernández, aunque sea realmente un ejemplo de escritura interrumpida al que, todas las aplicaciones posibles de la crítica textual, para completar, desarrollar y estructurar definitivamente la producción del período, no pueden ser más que inseguras hipótesis para la mejor lectura y nunca un resultado que sólo hubiera podido establecer el poeta. Por eso, el cuaderno del CANCIONERO es el CANCIONERO Y ROMANCERO DE AUSENCIAS, y el resto son suposiciones o debates de la crítica, en las que son posibles espacios de indagación, pero nunca una reconstrucción orgánica —apliquemos rigurosamente la crítica textual— de un manuscrito inexistente, porque lo inexistente no es aquí lo desaparecido ni lo inencontrable, sino que es, en este caso, el resultado de la imposibilidad dramática de continuar la propia escritura, en cuanto el final del ante-texto coincide con el final del autor que no pudo crear su sistematicidad definitiva.

Creo, en cualquier caso, que éste es el estado de la cuestión del CANCIONERO: el cuaderno es la última voluntad organizada de producir un libro. Los conjuntos anteriores resultan la primera guía de su preparación. Los escasos manuscritos posteriores son la escritura definitiva de algunos poemas. Y el CANCIONERO es, básicamente, un ejemplo de ruptura de la creación literaria por causa de la historia que al autor le tocó vivir: su manuscrito es hoy, también, junto a todas las valoraciones posibles, la denuncia de una situación histórica que aniquiló la creación poética y la vida.

DEL SIGNO DE LOS ENAMORADOS PERSEGUIDOS:
EL LOGRO DE LA IDENTIDAD

Hay una tragedia contextualizada en esta obra. Sus claves semánticas nos hablan de lo que el poeta está viviendo y, en ese vivir, la sensación de muerte omnipresente va cercando a Miguel Hernández. El poeta se siente acosado y confecciona sus claves de esperanza a pesar de todo, esperanza para seguir viviendo. Así se produce la escritura poética. El desenlace de ella es el poema, el producto aquí de su-

frir la amenaza de la historia, el resultado de una serie de tensiones que se descargan en el momento de
la escritura.

En el CANCIONERO, en el contexto vital de la escritura, hay mucha energía acumulada. Energía histórica y energía literaria. Quizá el tema de los enamorados perseguidos pueda servir de ejemplo de
esta situación. Es un tema espléndido para la signifi-
cación de la última poesía hernandiana.

Me refiero a los poemas «Vals de los enamorados
y unidos hasta siempre», «¿Qué quiere el viento de
encono?» y «Un viento ceniciento». Común a los
tres es la inversión simbólica del viento (que en la
poesía bélica era el positivo «viento del pueblo»).
Ahora, éste quiere separar a los enamorados:

> Huracanes quisieron
> con rencor separarlos;

y provoca la caída de los amantes:

> Precipicios midieron
> por el viento impulsados,

que, a pesar de esto, reafirman su espacio de amor:

> aventados se vieron
> pero siempre abrazados.

En «¿Qué quiere el viento de encono?» el poeta
nos habla de un viento que intenta derribar y arras-
trar a los amantes; éstos se alejan, pero el viento
«cada vez más enconado» busca causar más daño:
«separarlos». La referencia directamente personal se
amplía en su significado gradualmente, mediante la
acción verbal:

Derribarnos [...] arrastrarnos [...] alejarnos [...]
separarnos,

donde separar está cargado de ese cúmulo de nega-
ciones que significa la anulación del amor.

En el tercer poema, «el viento que no amó», un
viento clamante de ceniza y odio, ha conseguido la
soledad en la habitación de los enamorados. Ellos
ya no están allí y la habitación recordada aparece:

> En medio de la noche,
> la cenicienta cámara
> con viento y sin amores.

El signo literario de los amantes perseguidos,
identificable aquí y a lo largo de muchas otras referencias en el CANCIONERO, es siempre, desde el
punto de vista de los contextos artísticos, un motivo
importante para recrearnos emocionalmente, para
comprender la dimensión esencial que la voz de
Hernández crea a través de una penetración urgente
en este signo cultural.

Este signo de nuestro poeta nos evocará siempre
algunos contextos literarios en cuya tradición se ins-
cribe. En un contexto contemporáneo a Hernández
tenemos una secuencia narrativa similar al sentido
que quiero señalar: por ejemplo, en la *Crónica de los
pobres amantes* de Vasco Pratolini, una novela que
está escrita en comunidad sentimental con el am-
biente del último Hernández: el auge del fascismo en
Italia afectando a la vida cotidiana de tantos ciuda-
danos que intentan, a pesar de todo, seguir viviendo. Hay en la novela una frase memorable de esa
actitud de vida: «Después fue invierno de verdad,
pasaron los meses, y para huir del terror que susci-
taba ideas de muerte, cada uno miró más atenta-
mente a la vida» [14].

La afirmación de la vida corre en el CANCIONERO
junto a la afirmación del espacio del amor. El signo

---

[14] Vasco Pratolini, *Cronache di poveri amanti,* Milano, Oscar
Mondadori, 1974, pág. 333.

literario de los amantes acosados por el viento, pero que reafirman su abrazo, es una construcción básica de la última identidad hernandiana: los enamorados, él mismo y Josefina, son la contextualización del drama histórico en un terreno personal y, al mismo tiempo, colectivo, el que se ejemplifica igual para tantos hombres que viven las mismas circunstancias de Hernández. Y la propia identidad se hace símbolo, a través de la tercera persona verbal —los enamorados, él, ella— de la identidad social de los derrotados.

LAS CLAVES SEMÁNTICAS PRINCIPALES

Hernández aborda a lo largo de estos textos una contraseña específica que tiene una clave semántica insistente: la oposición luz / sombra, en cuanto reflexión que tiene asociada una antítesis espacial: lo elevado / lo descendido. Hay una impregnación semántica de esta oposición en muchos versos de la obra.

Lo elevado se contextualiza positivamente con un valor múltiple en varios momentos: el primer hijo es llamado «*meteoro* herido, perfumado / de hermosura y verdad» (poema 23), y tras su muerte el poeta se pregunta «De aquel querer mío / ¿*qué queda en el aire?* (p. 108); y el niño otra vez es descrito así: «Mirada negra y dorada, / hecha de dardos directos, / signo de un alma en *lo alto* / de todo lo verdadero» (p. 50); el segundo hijo es «*Torre* del día, niño» (p. 118); y la experiencia amorosa es descrita como que «*ascienden* los labios / eléctricamente / vibrantes de rayos» (p. 13), «Amor, *tu bóveda arriba*» (p. 64), etcétera.

Lo descendido, es decir, lo que está hundido, desmoronado, bajo tierra, etc., es el espacio más insistente en la obra, hasta el punto de poder sintetizar

en éste su espacialidad. Recordemos algunos contextos: la peripecia vital de los enamorados es descrita
como «*precipicios* midieron / por el viento impulsados / [...] Recorrieron *naufragios* / *cada vez más
profundos* / [...] Perseguidos, *hundidos* / por un gran
desamparo» (p. 9); «¿Qué quiere el viento de encono? [...] *Derribarnos*» (p. 8); o la casa familiar es
«Palomar, palomar / *derribado,* desierto» (p. 65); o
la muerte del primer hijo: «La fuerza que me arrastra / hacia el *fondo* del sur / muerto mío, eres tú»
(p. 103); «Pero es una tristeza para siempre, / porque apenas nacida fue a *enterrarse*» (p. 44); «Detuvo
sus sentidos / negándose a saber / y *descendieron* diáfanos / ante el amanecer» (p. 3); «Llueve. Los ojos *se
ahondan*» (p. 50); mientras la situación del hombre
es: «En el *fondo* del hombre / agua removida» (p. 5);
en el espacio de la cárcel: «Ilumina el *abismo* donde
lloro» (p. 45); o la situación de ausencia amorosa:
«*Descienden* los labios / con toda la luna / pidiendo
su ocaso» (p. 13); etc.

Del espacio negativo de lo descendido el poeta
pugna por salir, a través de una serie de palabras
claves que indican la solución: alas, vuelos, pájaro,
ascensión, etc., realizándose en varios contextos:
«No puedo olvidar / que no tengo *alas*» (p. 105);
«mientras la hierba crece / como mi joven *ala*» (p. 37),
cuando su segundo hijo es sentido como «*Ala* que
irás muy alto / [...] Alborear del *pájaro* / [...] *Asciende,* rueda, *vuela* / creador de alba y mayo»
(p. 118); o cuando su propia situación es descrita en
el límite del odio en cuanto que «varias *alas,* varios
vuelos / abaten en ellas hoy / [...] Por amor, vida,
abatido / *pájaro sin remisión*» (p. 64); o mantenien-
do la imagen ilusoria de la altura al decirle a la mujer que «*alto,* alegre, libre, libre, / sólo por amor»
(p. 64).

Estos espacios se asocian a una oposición esencial
que es la que se realiza entre luz / sombra, de la que

podemos recordar los siguientes contextos. Para
sombra (y términos asociados semánticamente):

> «En el agua más clara, / *sombra* sin salida» (p. 5);
> «Contigo queda la *sombra*» (p. 99); «Era un hoyo no
> muy hondo, / casi en la flor de la *sombra*» (p. 51);
> «Fúndete con la *sombra* que atesoro...» (p. 45);
> «... esos / dos ojos que se alejaron / a la *sombra,*
> cuenca adentro» (p. 50); «Beso soy, *sombra* con
> *sombra*» (p. 64); «si tropiezo con *tinieblas*» (p. 78);
> «Mírame aquí, encadenado, / escupido, sin calor / a
> los pies de la *tiniebla...*» (p. 64).

Para luz y términos asociados tenemos también
numerosos contextos. Cito algunos principales:

> «Apagado va el hombre / sin *luz* de mujer» (p. 34);
> «y el *sol* es como la *luz* / con que yo le desafío»
> (p. 77); «La *luz* rueda en el mundo / mientras tú rue-
> das / [...] Herramienta es tu risa, / luz que procla-
> ma» (p. 119); «Dentro de mi casa entraba / siempre
> una *luz* victoriosa. / [...] Yo no quisiera que toda /
> aquella *luz* se alejara» (p. 51); «¿Para qué quiero la
> *luz* / si tropiezo con tinieblas» (p. 78); «Ascienden
> los labios / eléctricamente / vibrantes de rayos / con
> todo el *fulgor* / de un *sol* entre cuatro» (p. 13); «A
> la luna venidera / te acostarás a parir / y tu vientre
> arrojará / *claridades* sobre mí» [...]; «*Alborada* de tu
> vientre...» (p. 75); «Reíste tú, junto al río, niño *so-
> lar...*» (p. 117); «el *resplandor* se desploma» (p. 51),
> etcétera.

No será difícil, si restituimos los contextos a los
poemas a los que pertenecen, clasificar nuevamente
la relación negativa que el espacio de la sombra
mantiene, frente al de la luz. La síntesis espacial elevado / descendido tiende además a fundirse con esta
oposición en múltiples contextos. El origen cultural
de estas oposiciones procede directamente de la lectura de San Juan de la Cruz, que Hernández realiza,
y transmite a sus poemas, en el período de 1933. El

«misticismo» terrenal de Hernández deviene aquí
histórico.

SOBRE LA DETERMINACIÓN «CARCELARIA» DE ESTA LITERATURA

Las circunstancias del poeta determinan esta producción carcelaria final. Por encima de su ámbito
social, podemos ya estudiarla en el interior de un
paradigma que nos lleva a nosotros a la evocación
atemporal de una literatura que Hernández ha tenido desde siempre presente: recordemos a fray Luis,
a San Juan, a Francisco de Quevedo, referencias
precisas en el momento de formación de la escritura
en la primera mímesis hernandiana. Es imposible reconstruir aquí el impacto que la cárcel crea en estos
poetas, que están en la tradición de Hernández y en
la nuestra. Pero, en un determinado momento, parece necesario recordarlos al menos como encuentro seguro, desde su identidad temprana, en este
Hernández final. Me referiré al poema «Eterna
sombra» [15].

Este poema es un desarrollo insistente de la oposición del campo de la luz (asociado a lo elevado) al
campo de la sombra (asociado a lo descendido). El
primer cuarteto es una síntesis de la oposición:

> Yo que creí que la luz era mía
> precipitado en la sombra me veo.
> Ascua solar, sideral alegría,
> ígnea de espuma, de luz, de deseo,

---

[15] Un interesante debate que globalmente intenta determinar
el sentido del *Cancionero,* centrándose en este poema, es el sos-
tenido por Oreste Macrì «Diálogo con Puccini sobre Hernández»
(Quaderni Ibero-Americani, núms. 35-36, 1968) y Darío Puccini,
«El último mensaje de Miguel Hernández. De nuevo sobre *Eterna sombra» (Revista de Occidente,* núm. 139, Madrid, octubre
de 1974).

hasta concluir con una lección de esperanza entendida como ascenso a la luz:

> Soy una abierta ventana que escucha,
> por donde ver tenebrosa la vida.
> Pero hay un rayo de sol en la lucha
> que siempre deja la sombra vencida.

Las claves léxicas parecen indudablemente un recuerdo «místico» al que tan aficionado ha sido el poeta, pero más concretamente pueden ponerse al lado de la experiencia de fray Luis de «Noche serena», «En una esperanza que salió vana», «A nuestra señora», en una impregnación absoluta de la espacialidad ascética:

> Morada de grandeza,
> templo de claridad y hermosura,
> el alma, que a tu alteza
> nació, ¿qué desventura
> la tiene en esta cárcel baja, escura? [16],

o en un recuerdo también de la «Noche oscura» de San Juan, cuya penetración carcelaria parece indudable [17]. Más allá de otro tipo de debates, debemos considerar el uso de una tipología poética en la que «Eterna sombra» se nos sitúa al lado de «Noche oscura» y «Noche serena» como determinación real de una experiencia carcelaria que fray Luis y San Juan construyen a partir de la metafórica cárcel del alma y Miguel Hernández en un espacio próximo de metáfora, sólo alterado por la construcción englobante: la celestial «morada de grandeza» de fray Luis, la mística unión con el amado de San Juan, o la invocación a la historia de Hernández, como síntesis de

---

[16]   «Noche serena», vv. 11-15.
[17]   Cfr. Crisógono de Jesús, *Vida y Obras de San Juan de la Cruz,* Madrid, BAC, 1975, págs. 136 y 407.

una cotidianidad agobiante que, no podemos olvidarlo, está siempre en la base de esta escritura.

No tendrá sentido entonces debatir sobre el espacio real o simbólico de esta poesía, en cuanto en ella se funden las dos dimensiones en una misma determinación del poema: la sombra de Hernández es contraseña real de un mundo que adquiere en la luz su solución (como en gran medida lo es para fray Luis o San Juan) sólo que la dimensión simbólica de uno y los otros tiene un alcance muy diferente.

PARA LA LECTURA DE LA OBRA

El CANCIONERO privilegia en su lectura un proceso de intimización poética que es necesario anotar. La reafirmación del propio mundo personal, en el interior de un contexto histórico que se destruye, es la clave última de comprensión de la obra. Con la perspectiva de un diario poético podremos enfocar también el material textual que Hernández crea: diario, en cuanto aparecen referencias continuas a lo que el poeta está viviendo, recuento probable de reacciones y sensaciones que la ausencia —la clave constructiva del CANCIONERO— le provoca.

La vida, en el interior de una historia determinada, es la que aporta sus claves explicativas al texto. Su literalidad es todavía la capacidad de metaforizar lo cotidiano: la muerte del hijo como descripción de un mundo en el que se van derrumbando las cosas, hasta el hundimiento de la propia casa familiar, o la transformación de la misma casa en un ataúd; la ausencia amorosa de la habitación matrimonial que se ve dominada por el viento —un viento destructor ahora, «el viento que no amó»— y presidida por despoblados espejos; o pequeñas vivencias cotidianas, como un canto a la escoba —convertida en símbolo ascensional, es decir, liberador— escrito un

día que el poeta debe barrer el patio de la cárcel.
Son formas éstas de crear una nueva materia literaria, dependiente directamente de la capacidad de
metaforizar la situación o las experiencias. Y es aquí
donde el texto se nos va a hacer más relevante, más
sugerente diré, con la idea también de que Hernández está elaborando otra forma poética, ordenada
por algunas claves reiteradas (elevado, descendido,
luz, sombra, etc.) en estrecha dependencia a la perspectiva cotidiana de un diario.

La voluntaria simplificación y popularización de
la forma métrica (romances, romancillos, seguidillas,
etcétera), junto a metros de arte mayor en algunos
poemas, adquiere un peso relevante en el cuaderno
principal y en la mayor parte de esta producción.
Puede pensarse en una reducción voluntaria y es-
pontánea del arte métrico de Hernández (recordemos al poeta de las octavas reales de *Perito en lunas,*
o de los sonetos de *El rayo que no cesa)* que, sin embargo, dejará, junto a los modelos métricos finales,
complejas composiciones en sonetos en alejandrinos.

En pleno desarrollo de algunos símbolos anteriores y muy frecuentes —el viento, el rayo, la piedra,
la lluvia, etc.[18]— con las matizaciones nuevas que
éstos adquieren ahora, es producto de una afirmación del propio mundo poético en una circunstancia
que lo puede destruir (como a la misma vida). La
reafirmación de un espacio simbólico es parte de la
contraseña global que Hernández quiere entregar-
nos, la de su capacidad de seguir actuando en el terreno de la poesía cuando otra praxis histórica es
imposible. Recoger el propio mundo, reenfocarlo en
imágenes-recuerdo, es recuperar una conciencia in-
tertextual que unifica la producción, que hace a ésta
de ahora sucesora imprescindible de todo lo ante-

---

[18]   Para el desarrollo global de estos símbolos, cfr. mi estudio
Léxico y creación poética, págs. 186 y sigs.

rior. Y hay aquí un esfuerzo por asumir sus contraseñas principales en cuanto contraseñas también para un lector probable, aun si la transmisión parece difícil: ordenar el cuaderno tantas veces citado es evitar una textualidad dispersa de la que el poeta quiere salvarse, es confeccionar el «libro» que permita, con el mayor orden posible, transmitir un momento poético.

Si éste es parte del sentido de la construcción final hernandiana, no olvidemos entonces que el CANCIONERO Y ROMANCERO DE AUSENCIAS nos conseguirá transmitir, como ninguna otra de sus obras, el final de una poética que coincide con el final de un autor. Aunque esto pueda parecer obvio, sabemos que generalmente no es así, sino que con frecuencia los autores prolongan cronológicamente sus hallazgos y su poética, alcanzada muchos años antes. La muerte de Hernández, por el contrario, coincide con la determinación de un nuevo espacio creativo en su obra, coherente con lo desarrollado hasta ese momento, pero variando formas y tono de expresión. Un espacio que era, en cualquier caso, una nueva posibilidad expresiva, interrumpida y bastante dispersa por las circunstancias relatadas. El texto del CANCIONERO es entonces el anuncio firme de una nueva expresión poética sobre cuya trascendencia no podremos dudar.

JOSÉ CARLOS ROVIRA.

BIBLIOGRAFÍA

EDICIONES DEL «CANCIONERO Y ROMANCERO
DE AUSENCIAS»

M. H.: *Obra escogida,* Prólogo de Arturo del Hoyo,
Madrid, Aguilar, 1951.
M. H.: *Obras completas,* edición de Elvio Romero y
Andrés Ramón Vázquez: prólogo de María de
Gracia Ifach, Buenos Aires, Losada, 1960.
M. H.: *Obra poética completa,* edición de Leopoldo
de Luis y Jorge Urrutia, Madrid, Zero, 1976.
(Hay varias reediciones, la última en Madrid,
Alianza Tres, 1982.)
M. H.: *Cancionero y romancero de ausencias,* edición
de José Carlos Rovira, Barcelona, Lumen, 1978.
M. H.: *Poesías completas,* edición de Agustín Sán-
chez Vidal, Madrid, Aguilar, 1979.
M. H.: *El hombre acecha* y *Cancionero y romancero
de ausencias,* edición de Leopoldo de Luis y Jorge
Urrutia, Madrid, Cátedra, 1984.

ESTUDIOS

Aparecen sólo aquellos trabajos que considero bá-
sicos para el estudio del *Cancionero.*

Monografías:

AAVV: *Miguel Hernández,* edición de María de Gracia Ifach, Madrid, Taurus, 1975.

AAVV: *En torno a Miguel Hernández,* edición de Juan Cano Ballesta, Madrid, Castalia, 1978.

BALCELLS, JOSÉ MARÍA: *Miguel Hernández, corazón desmesurado,* Barcelona, Dirosa, 1975.

BETANZOS, ODÓN: *Life experiences as a poetic element in the works of M. H.* (tesis doctoral), University of New York, 1981.

CANO BALLESTA, JUAN: *La poesía de Miguel Hernández,* Madrid, Gredos, 1962.

CHEVALIER, MARIE: *L'homme, ses oeuvres et son destin dans la poésie de Miguel Hernández,* Université de Lille, III, Service de reproduction des thèses, 1973.

CHEVALIER, MARIE: *Los temas poéticos de Miguel Hernández,* Madrid, Siglo XXI, 1978.

CHEVALIER, MARIE: *La escritura poética de Miguel Hernández,* Madrid, Siglo XXI, 1977.

GUEREÑA, JACINTO LUIS: *Miguel Hernández,* París, Seghers, 1963.

GUERRERO ZAMORA, JUAN: *Noticia sobre Miguel Hernández,* Cuadernos de política y literatura, 1951.

GUERRERO ZAMORA, JUAN: *Miguel Hernández, poeta,* Madrid, El grifón de plata, 1955.

HENDRICKSON, MARGARITA DÍAZ: *La cosmovisión de M. H. en su poesía* (tesis doctoral), Tulane University, 1983.

IFACH, MARÍA DE GRACIA: *Miguel Hernández, rayo que no cesa,* Barcelona, Plaza y Janés, 1975.

IFACH, MARÍA DE GRACIA: *Vida de Miguel Hernández,* Barcelona, Plaza y Janés, 1982.

MANRESA, JOSEFINA: *Recuerdos de la viuda de Mi-*

guel Hernández, Madrid, Ediciones de la Torre, 1980.

MARTÍNEZ MARÍN, FRANCISCO: *Yo, Miguel,* Orihuela, Orospeda, 1972.

MOLINA, MANUEL: *Amistad con Miguel Hernández,* Alicante, Silbo, 1978.

MORELLI, GABRIELE: *Hernández,* Florencia, La nuova-Italia, 1970.

POVEDA, JESÚS: *Vida, pasión y muerte de un poeta: Miguel Hernández,* México, Oasis, 1975.

PUCCINI, DARÍO: *Miguel Hernández: Vida y poesía y otros estudios hernandianos,* ed. ordenada y revisada por J. Carlos Rovira, Alicante, Instituto de estudios Juan Gil-Albert, 1987.

RAMOS, VICENTE: *Miguel Hernández,* Madrid, Gredos, 1973.

ROMERO, ELVIO: *Miguel Hernández, destino y poesía,* Buenos Aires, Losada, 1958.

ROVIRA, JOSÉ CARLOS: *«Cancionero y romancero de ausencias» de Miguel Hernández. Aproximación crítica,* Alicante, IEA, 1976.

ROVIRA, JOSÉ CARLOS: *Léxico y creación poética en Miguel Hernández. Estudio del uso de un vocabulario,* Alicante, Universidad-Caja de Ahorros Provincial, 1983.

ROVIRA, JOSÉ CARLOS: *Últimas ausencias para un niño* (acompaña la edición facsímil de M. H.: *Dos cuentos para Manolillo (para cuando sepa leer),* Madrid, Palas Atenea, 1988.

SÁNCHEZ VIDAL, AGUSTÍN: *Miguel Hernández en la encrucijada,* Madrid, Cuadernos para el diálogo, 1976.

SOREL, ANDRÉS: *Miguel Hernández, escritor y poeta de la revolución,* Madrid, Zero, 1976.

ZARDOYA, CONCHA: *Miguel Hernández. Vida y obra. Bibliografía. Antología,* Nueva York, Hispanic Institute, 1955.

Artículos:

ALBI, JOSÉ: «El último Miguel», en *Verbo,* núm. 29, Alicante, 1954.

APARICIO, ANTONIO: «La última voz de Miguel Hernández», en *El Nacional,* Caracas, 14 de julio de 1953.

BERNS, GABRIEL: «Más allá de la violencia (Los últimos poemas de Miguel Hernández)», en *Revista de Occidente,* núm. 87, Madrid, 1970.

BOUSOÑO, CARLOS: «Notas sobre un poema de Miguel Hernández: Antes del Odio», en *Cuadernos de Agora,* núms. 49-50, Madrid, 1960.

BUERO VALLEJO, ANTONIO: «Un poema y un recuerdo», en *Ínsula,* núm. 168, Madrid, 1951.

CARNERO, GUILLERMO: «Miguel Hernández y el cambio estético en la España de los años treinta», en *Las armas abisinias (Ensayo sobre literatura y arte del siglo XX),* Barcelona, Antrophos, 1989, págs. 256-274.

ESTEVE, FRANCISCO: «Cartas inéditas de M. H.», en *Posible,* 65, 66, abril de 1976, págs. 20-23.

GARCÍA TEMPLADO, JOSÉ: «El poético tema de la cebolla», en *Revista de Occidente,* núm. 29, Madrid, 1965.

GUZMÁN, EDUARDO: «Juicio y condena de Miguel Hernández», en *Nueva Historia,* núm. 15, Madrid, abril de 1978.

LUIS, LEOPOLDO DE: «Miguel Hernández: dos páginas inéditas», en *Papeles de Son Armadans,* número LXIX, Madrid-Palma de Mallorca, 1961.

LUIS, LEOPOLDO DE: «Dos notas a un poema de M. H.», en *Papeles de Son Armadans,* LXVII, 1961, págs. 62-71.

MACRÍ, ORESTE: «La poesia mistica e tellurica di Miguel Hernández», en *Poesia spagnola del novecento,* Parma, Guanda, 1961.

MACRÍ, ORESTE: «Dialogo con Puccini su Hernández», en *Quaderni Ibero-Americani,* núms. 35-36, Turín, 1968.

MANRESA, JOSEFINA: «Así murió mi marido», en *Posible,* 64, abril de 1976, págs. 20-23.

PUCCINI, DARÍO: «Problemi testuali e varianti nell'opera di Miguel Hernández», en *Studi di lingua e letteratura spagnola,* Turín, 1966.

PUCCINI, DARÍO: «Altre varianti e variazioni nel *Cancionero* di Miguel Hernández», en *Quaderni Ibero-Americani,* núms. 35-36, Turín, 1968.

ROSE, WILLIAM: «Lo popular en la poesía de Miguel Hernández», en *Revista Nacional de Cultura,* núms. 140-141, Caracas, 1960.

URRUTIA, JORGE: «Fijación de unos textos de Miguel Hernández», en *La Estafeta Literaria,* Madrid, agosto de 1978.

VIVANCO, LUIS FELIPE: «Nanas de la cebolla», en *Cuadernos de Agora,* núms. 49-50, Madrid, 1960.

ESTA EDICIÓN

Los criterios de edición proceden de la reflexión realizada antes sobre «los ante-textos» hernandianos y responden a la reproducción de la totalidad de manuscritos de la época final utilizando, en principio, el planteamiento de edición realizado por Agustín Sánchez Vidal en las *Poesías completas* de 1978, es decir, considerando el cuaderno del CANCIONERO como el centro de organización de la obra, al que se suman en diferentes apartados los grupos B, C y los manuscritos sueltos. Pero se podrán observar diferencias sustanciales entre este resultado y el de Sánchez Vidal, en la organización del material y en los textos que aquí aparecen. Proceden de la decisión de considerar el cuaderno como la única voluntad segura del poeta y reproducir éste por tanto sistemáticamente, sin poemas añadidos por suponer que pertenecen a un grupo en otros manuscritos, pero rellenando las indicaciones de títulos y fragmentos que aparecen en el cuaderno, en cuanto los puntos suspensivos que los acompañan parecen indicar indudablemente una voluntad de ordenación por parte del poeta. En notas indicamos estas sustituciones de puntos suspensivos, que en dos poemas («Hijo de la luz y de la sombra» y «La lluvia») parecen relevantes, en cuanto rompen definitivamente la distinción crítica entre el CANCIONERO y los llamados *Últimos poemas*. En otros se modifica, por indicaciones textuales varias que se especificarán, alguna característica del texto del cuaderno.

La revisión de manuscritos lleva a modificar los restantes grupos en relación a la edición citada, incluyendo nuevos poemas (hasta cinco inéditos), y llevando a un apéndice los que en los materiales aparecen tachados, que, en cualquier caso, significan una decisión del autor que nos impide seguir editándolos en el interior de la obra, como ha sido práctica habitual en otras ediciones.

Se realiza la reproducción sistemática de la totalidad de manuscritos de la época final en cinco apartados, que son:

A)   Cuadernos del CANCIONERO Y ROMANCERO DE AUSENCIAS (se transcriben los poemas escritos en este soporte y se reconstruyen los indicados mediante puntos suspensivos, dando, en los casos en los que haya una versión textual evidentemente mejor, el original de aquélla [19]).

B)   CANCIONERO DE AUSENCIAS (se transcriben los poemas procedentes de este conjunto a excepción de los 49 que fueron reproducidos por el poeta en A y los tachados aunque sean legibles).

C)   Se transcribe la totalidad de poemas que no tienen un conjunto claro originario (incluyendo los procedentes de C), es decir, los procedentes de manuscritos sueltos o los que, sin tener copia autógrafa o mecanográfica, han aparecido en ediciones fiables.

D)   Se transcriben aquí, en la parte final, las

---

[19]   La decisión sobre versiones definitivas que planteo en esta edición, en la que no recurro por razones editoriales a notas de variantes, debe considerarse teniendo en cuenta mi edición facsimilar del 85 y algunos criterios editoriales de Leopoldo de Luis y Jorge Urrutia, así como los de Agustín Sánchez Vidal.

composiciones consideradas como *Últimos poemas* (la inclusión de alguno de ellos en el cuaderno no nos permite a nadie seguir haciendo una división). Proceden todos éstos de manuscritos aislados o del conjunto C.

E) Apéndice: se transcriben los poemas que están cancelados en el grupo B con ligeras tachaduras que los hacen perfectamente legibles.

La numeración de los poemas, al no ser del autor, se da entre corchetes. En el apartado E, al ser poemas tachados y que no pueden considerarse de ninguno de los ciclos claros de la época, se comienza otra numeración.

El texto de los poemas editados ha sido comprobado en todos los casos sobre los originales. Las condiciones de la colección han impuesto una anotación mínima esta vez, pero en cualquier caso queda justificada porque el texto crítico es el mismo aproximadamente que aparecerá en 1992 en un proyecto de esta misma editorial: variantes, errores de otras ediciones, etc., quedarán anotados entonces. Ahora se intenta sólo presentar rigurosamente la escritura del poeta, la probabilidad truncada de su última obra, y un sistema de anotación mínimo capaz de articular alguna perspectiva de lectura.

La aportación de algunos inéditos debo agradecérsela, como en otras ediciones recientes, a Carmen Alemany Bay, cuya generosidad en los últimos años, en detrimento de la novedad final de su investigación doctoral, no debo pasar aquí por alto. Para el cotejo de originales me ha sido de un gran valor la ayuda prestada por Abel Villaverde Pérez.

A [1]

CANCIONERO Y ROMANCERO DE AUSENCIAS

[1]   El primer núcleo de la obra lo forma la reproducción del cuaderno citado en la Introducción, es decir, específicamente el *Cancionero y romancero de ausencias,* así llamado por Miguel Hernández en la primera página de la libreta. Se reproducen 79 poemas, teniendo en cuenta la decisión indicada en páginas anteriores de considerar este manuscrito como la clave básica de ordenamiento de la obra y, por tanto, valoraremos textualmente los poemas de los que sólo se indica el título, al que siguen puntos suspensivos, como integrantes de la ordenación del *Cancionero.* De esta manera, restituimos a este orden «Hijo de la luz y de la sombra» y «La lluvia» y editamos también íntegramente otros como «A mi hijo» y «Orillas de tu vientre», de los que aparecen algunos fragmentos en el cuaderno, con puntos suspensivos. En algunos casos limitados se da otra versión que la presente en el cuaderno (poemas 37, 42 y 50) al ser la de éste incompleta, lo que está generalmente indicado en el manuscrito por puntos suspensivos. En algunos casos se incorporan títulos procedentes de manuscritos aislados, lo que ocurre con algún poema extenso.

[1] [2]

Ropas con su olor,
paños con su aroma.
Se alejó en su cuerpo,
me dejó en sus ropas.
Lecho sin calor,
sábana de sombra.
Se ausentó en su cuerpo.
Se quedó en sus ropas.

---

[2] Los tres primeros poemas están dedicados a la muerte del primer hijo del poeta, acaecida el 19 de octubre de 1938. En este primero, el niño, evocado por sus vestidos, que es lo único que de él permanece, es motivo que se enlaza con el sentido colectivo de la muerte del soneto en alejandrinos de este ciclo «El hombre no reposa»: «Piel inferior del hombre, su traje no ha expirado.» El proceso evocador del hijo está transformando aquel gozo concreto de la imagen de «Hijo de la luz»: «El hijo fue primero sombra y ropa cosida / por tu corazón hondo desde tus hondas manos. / Con sombras y con ropas anticipó su vida...»

[2]

Negros ojos negros.
El mundo se abría
sobre tus pestañas
de negras distancias.
Dorada mirada.
El mundo se cierra
sobre tus pestañas
lluviosas y negras.

[3]

No quiso ser.

No conoció el encuentro
del hombre y la mujer.
El amoroso vello
no pudo florecer.
Detuvo sus sentidos
negándose a saber
y descendieron diáfanos
ante el amanecer.
Vio turbio su mañana
y se quedó en su ayer.

No quiso ser.

[4]

Tus ojos parecen
agua removida.
¿Qué son?

Tus ojos parecen
el agua más turbia
de tu corazón.
¿Qué fueron? ¿Qué son?

[5]

En el fondo del hombre
agua removida.

En el agua más clara
quiero ver la vida.

En el fondo del hombre
agua removida.

En el agua más clara
sombra sin salida.

En el fondo del hombre
agua removida.

[6]

El cementerio está cerca
de donde tú y yo dormimos,
entre nopales azules,
pitas azules y niños
que gritan vívidamente
si un muerto nubla el camino.
De aquí al cementerio, todo
es azul, dorado, límpido.
Cuatro pasos, y los muertos.
Cuatro pasos, y los vivos.
Límpido, azul y dorado,
se hace allí remoto el hijo.

[7]

Sangre remota.
Remoto cuerpo,
dentro de todo:
dentro, muy dentro
de mis pasiones,
de mis deseos.

[8] [3]

¿Qué quiere el viento de encono
que baja por el barranco
y violenta las ventanas
mientras te visto de abrazos?

Derribarnos, arrastrarnos.

Derribadas, arrastradas,
las dos sangres se alejaron.
¿Qué sigue queriendo el viento
cada vez más enconado?

Separarnos.

---

[3] Este poema y los dos que siguen son fundamentalmente una
muestra de la inversión simbólica que en el *Cancionero...* se produce: el viento es ahora un viento destructor que provoca una va-
riación, intertextualmente, del viento del pueblo del ciclo bélico.

[9] [4]

VALS DE LOS ENAMORADOS
Y UNIDOS HASTA SIEMPRE

No salieron jamás
del vergel del abrazo.
Y ante el rojo rosal
de los besos rodaron.

Huracanes quisieron
con rencor separarlos.
Y las hachas tajantes
y los rígidos rayos.

Aumentaron la tierra
de las pálidas manos.
Precipicios midieron,
por el viento impulsados
entre bocas deshechas.
Recorrieron naufragios,
cada vez más profundos
en sus cuerpos, sus brazos.

---

[4] El viento destructor quiere romper el círculo, el vals de los enamorados, ayudado por otros símbolos como el rayo. Los enamorados plantean inicialmente su permanencia en el jardín de amor —*topos* de tradición renacentista—. Impulsados por el viento van hacia el espacio semántico de *lo descendido*, clave negativa de la espacialidad de su obra. Al final, convertidos en polvo, ascienden abrazados en un verso de claro origen quevediano. A fines de 1939, en la prisión Conde de Toreno de Madrid, Hernández escribió este poema (con el título y los dos versos finales que no aparecen en el cuaderno) en el álbum de un amigo, José María López Entrala (testimonio de Antonio Buero Vallejo). Hay además otras dos versiones (en C y en B) lo que resalta la importancia de esta composición.

Perseguidos, hundidos
por un gran desamparo
de recuerdos y lunas,
de noviembres y marzos,
aventados se vieron
como polvo liviano:
aventados se vieron,
pero siempre abrazados.

[10] [5]

Un viento ceniciento
clama en la habitación
donde clamaba ella
ciñéndose a mi voz.

Cámara solitaria,
con el herido son
del ceniento viento
clamante alrededor.

Espejo despoblado.
Despavorido arcón
frente al retrato árido
y al lecho sin calor.

Cenizas que alborota
el viento que no amó.

En medio de la noche,
la cenicienta cámara
con viento y sin amores.

---

[5]   El viento destructor se ha apoderado de la solitaria estancia
de los enamorados. El viento es ahora lo que de nuevo llena, negativamente, el espacio de la ausencia amorosa: el espejo, el arcón, el retrato, el lecho son recuerdos objetuales que intensifican
la ausencia.

[11]

Como la higuera joven
de los barrancos eras.
Y cuando yo pasaba
sonabas en la sierra.
Como la higuera joven,
resplandeciente y ciega.

Como la higuera eres.
Como la higuera vieja.
Y paso, y me saludan
silencio y hojas secas.

Como la higuera eres
que el rayo envejeciera.

[12]

El sol, la rosa y el niño
flores de un día nacieron.
Los de cada día son
soles, flores, niños nuevos.

Mañana no seré yo:
otro será el verdadero.
Y no seré más allá
de quien quiera su recuerdo.

Flor de un día es lo más grande
al pie de lo más pequeño.
Flor de la luz el relámpago,
y flor del instante el tiempo.

Entre las flores te fuiste.
Entre las flores me quedo.

[13]

Besarse, mujer,
al sol, es besarnos
en toda la vida.
Ascienden los labios,
eléctricamente
vibrantes de rayos,
con todo el furor
de un sol entre cuatro.
Besarse a la luna,
mujer, es besarnos
en toda la muerte.
Descienden los labios,
con toda la luna
pidiendo su ocaso,
del labio de arriba,
del labio de abajo,
gastada y helada
y en cuatro pedazos.

[14]

Llegó tan hondo el beso
que traspasó y emocionó los muertos.

El beso trajo un brío
que arrebató la boca de los vivos.

El hondo beso grande
sintió breves los labios al ahondarse.

El beso aquel que quiso
cavar los muertos y sembrar los vivos.

[15]

Si te perdiera...
Si te encontrara
bajo la tierra.

Bajo la tierra
del cuerpo mío,
siempre sedienta.

[16] [6]

Cuerpo del amanecer:
flor de la carne florida.
Siento que no quiso ser
más allá de flor tu vida.
Corazón que en el tamaño
de un día se abre y se cierra.
La flor nunca cumple un año,
y lo cumple bajo tierra.

---

[6] En el conjunto B este manuscrito aparece encabezado por
19-12-1937, fecha de nacimiento del primer hijo. Al lado de esta
fecha, tachada, aparece 1938, con lo que podemos estar ante la
fecha probable de escritura, a un año del nacimiento del niño que
había muerto dos meses antes.

[17]

En este campo
estuvo el mar.
Alguna vez volverá.
Si alguna vez una gota
roza este campo, este campo
siente el recuerdo del mar.
Alguna vez volverá.

[18]

Cada vez que paso
bajo tu ventana,
me azota el aroma
que aún flota en tu casa.
Cada vez que paso
junto al cementerio
me arrastra la fuerza
que aún sopla en tus huesos.

[19]

El corazón es agua
que se acaricia y canta.

El corazón es puerta
que se abre y se cierra.

El corazón es agua
que se remueve, arrolla,
se arremolina, mata.

[20]

Tierra. La despedida
siempre es una agonía.

Ayer nos despedimos.
Ayer agonizamos.
Tierra en medio.
Hoy morimos.

[21]

Por eso las estaciones
saben a muerte, y los puertos.
Por eso cuando partimos
se deshojan los pañuelos.

Cadáveres vivos somos
en el horizonte, lejos.

[22] [7]

Cada vez más presente.
Como si un rayo raudo
te trajera a mi pecho.
Como un lento, rayo
lento.
Cada vez más ausente.
Como si un tren lejano
recorriera mi cuerpo.
Como si un negro barco
negro.

---

[7] En B aparece otra versión que provocó una serie de debates
y matizaciones críticas claves para entender el proceso de escritura. Sobre este poema y su variante, intentando delimitar si se trata de dos poemas diferentes y sobre el proceso de composición de
los dos, cfr. Puccini, 1966, pág. 123 (ahora, 1987, pág. 106); Rovira, 1976, págs. 80-82; CRA1978, págs. LXXIV-LXXIX; y PC, páginas 852-853.

[23]

Si nosotros viviéramos
lo que la rosa, con su intensidad,
el profundo perfume de los cuerpos
sería mucho más.

¡Ay, breve vida intensa
de un día de rosales secular
pasaste por la casa
igual, igual, igual
que un meteoro herido, perfumado
de hermosura y verdad.

La huella que has dejado es un abismo
con ruinas de rosal
donde un perfume que no cesa hace
que vayan nuestros cuerpos más allá.

[24]

Una fotografía.
Un cartón expresivo,
envuelto por los meses
en los rincones íntimos.

Un agua de distancia
quiero beber: gozar
un fondo de fantasma.

Un cartón me conmueve.
Un cartón me acompaña.

[25]

Llegó con tres heridas:
la del amor,
la de la muerte,
la de la vida.

Con tres heridas viene:
la de la vida,
la del amor,
la de la muerte.

Con tres heridas yo:
la de la vida,
la de la muerte,
la del amor.

[26]

Escribí en el arenal
los tres nombres de la vida:
vida, muerte, amor.
Una ráfaga de mar,
tantas claras veces ida,
vino y nos borró.

[27]

Cogedme, cogedme.
Dejadme, dejadme,
fieras, hombres, sombras,
soles, flores, mares.
Cogedme.
Dejadme.

[28] [8]

Tus ojos se me van
de mis ojos, y vuelven
después de recorrer
un páramo de ausentes.
Tus brazos se desploman
en mis brazos y ascienden
retrocediendo ante esa
desolación que sientes.
Desolación con hielo,
aún mi calor te vence.

---

[8] PC da otra versión, procedente de B, que tiene una estrofa
más y alguna variante. Sobre estas dos composiciones, con el
análisis que lleva a pensar que la versión mejor es la del cuaderno, es decir, la de esta segunda redacción, cfr. Rovira, 1976, páginas 82-84.

[29] [9]

Ausencia en todo veo:
tus ojos la reflejan.
Ausencia en todo escucho:
tu voz a tiempo suena.
Ausencia en todo aspiro:
tu aliento huele a hierba.
Ausencia en todo toco:
tu cuerpo se despuebla.
Ausencia en todo pruebo:
tu boca me destierra.
Ausencia en todo siento:
ausencia, ausencia, ausencia.

[9] Los versos 9-10 no fueron reproducidos por las primeras ediciones. CRA1978 y 1984 leen el verso 9 como «Ausencia en todo *pecho*», mientras PC lo hace como «Ausencia e*s* todo *puerto*». Aunque la lectura es difícil, me inclino porque el verso es «Ausencia en todo pruebo», que es la versión que doy. Parece bastante claro *pruebo,* que completa además la estructura del poema en un recorrido por los cinco sentidos, tal como, con otro orden y términos, aparecen en la variante de B.

[30]

¿De qué adoleció
la mujer aquella?

Del mal peor:
del mal de las ausencias.

Y el hombre aquél.

¿De qué murió
la mujer aquélla?
Del mal peor:
del mal de las ausencias.

Y el hombre aquél.

[31]

Tan cercanos, y a veces
qué lejos los sentimos,
tú yéndote a los muertos,
yo yéndome a los vivos.

[32]

Tú eres fatal ante la muerte.
Yo soy fatal ante la vida.
Yo siempre en pie quisiera verte,
tú quieres verte siempre hundida.

[33] [10]

Llevadme al cementerio
de los zapatos viejos.

Echadme a todas horas
la pluma de la escoba.

Sembradme con estatuas
de rígida mirada.

Por un huerto de bocas,
futuras y doradas,
relumbrará mi sombra.

---

[10]   La asociación de los zapatos con la muerte tiene múltiples contextos. Recordemos en «Sentado sobre los muertos» de *Viento del pueblo:* «Sentado sobre los muertos / que se han callado en dos meses / beso zapatos vacíos...» (vv. 1-3), o la imagen, en el mismo libro, de Pablo de la Torriente muerto: «las botas iracundas y la mano crispada» («Elegía Segunda», v. 37); o la juventud que vive porque muere y: «se ha desplomado en la besana umbría / sobre el cimiento errante de la bota» (vv. 18-19); o los caballos descalzos de «El tren de los heridos» de *El hombre acecha* que se acercan a la muerte: «y se queda descalzo hasta el caballo» (v. 42). Globalmente el poema, ante la inmediatez de la muerte, plantea la perdurabilidad personal.

[34]

La luciérnaga en celo
relumbra más.

La mujer sin el hombre
apagada va.

Apagado va el hombre
sin luz de mujer.

La luciérnaga en celo
se deja ver.

[35]

Uvas, granadas, dátiles,
doradas, rojas, rojos,
hierbabuena del alma,
azafrán de los poros.
Uvas como tu frente,
uvas como tus ojos.
Granadas con la herida
de tu florido asombro,
dátiles con tu esbelta
ternura sin retorno,
azafrán, hierbabuena
llueves a grandes chorros
sobre la mesa pobre,
gastada, del otoño,
muerto que te derramas,
muerto que yo conozco,
muerto frutal, caído
con octubre en los hombros.

[36]

Muerto mío, muerto mío:
nadie nos siente en la tierra
donde haces caliente el frío.

[37] [11]

Las gramas, las ortigas
en el otoño avanzan
con una suavidad
y una ternura largas.

El otoño, un sabor
que separa las cosas,
las aleja y arrastra.

Llueve sobre el tejado
como sobre una caja
mientras la hierba crece
como una joven ala.

Las gramas, las ortigas
nutre una misma savia.

---

[11]   El manuscrito está incompleto al no poderse leer los versos 10-11 (en 10 falta *crece;* en 11 *una joven*). Se completa con una versión de la que da cuenta CRA1984, cuyo manuscrito desconocemos.

[38]

Atraviesa la calle,
dicen que todo el barrio
y yo digo que nadie.
Pero escuchando, ansiando,
oigo en su mismo centro
el alma de tus pasos,
y me parece un sueño
que, sobre el empedrado,
alza tu pie su íntimo
sonido descansado.

[39]

Troncos de soledad,
barrancos de tristeza
donde rompo a llorar.

[40]

Todas las casas son ojos
que resplandecen y acechan.

Todas las casas son bocas
que escupen, muerden y besan.

Todas las casas son brazos
que se empujan y se estrechan.

De todas las casas salen
soplos de sombra y de selva.

En todas hay un clamor
de sangres insatisfechas.

Y a un grito todas las casas
se asaltan y se despueblan.

Y a un grito, todas se aplacan,
y se fecundan, y esperan.

[41]

El amor ascendía entre nosotros
como la luna entre las dos palmeras
que nunca se abrazaron.

El íntimo rumor de los dos cuerpos
hacia el arrullo un oleaje trajo,
pero la ronca voz fue atenazada,
fueron pétreos los labios.

El ansia de ceñir movió la carne,
esclareció los huesos inflamados,
pero los brazos al querer tenderse
murieron en los brazos.

Pasó el amor, la luna, entre nosotros
y devoró los cuerpos solitarios.
Y somos dos fantasmas que se buscan
y se encuentran lejanos.

[42] [12]

Cuando paso por tu puerta,
la tarde me viene a herir
con su hermosura desierta
que no acaba de morir.

Tu puerta no tiene casa
ni calle: tiene un camino,
por donde la tarde pasa
como un agua sin destino.

Tu puerta tiene una llave
que para todos rechina.
En la tarde hermosa y grave,
ni una sola golondrina.

Hierbas en tu puerta crecen
de ser tan poco pisada.
Todas las cosas padecen
sobre la tarde abrasada.

La piel de tu puerta, ¿encierra
un lecho que compartir?
La tarde no encuentra tierra
donde ponerse a morir.

---

[12] La versión de A es fragmentaria, apareciendo tres líneas de puntos suspensivos tras la cuarta estrofa. Por otra parte los dos últimos versos están tachados y las estrofas 4.ª y 7.ª alteradas en su orden. Parece conveniente en este caso dar la versión de B que tiene las estrofas 5.ª y 6.ª en lugar de los puntos suspensivos, alterando el orden de 4.ª y 7.ª y restituyendo los dos versos finales tachados que coinciden. La afirmación mantenida frecuentemente de que Hernández puede estar recordando algunos poemas parece evidente en el caso del uso de puntos suspensivos, por lo que la restitución está aquí en función de la legibilidad del texto.

Lleno de un siglo de ocasos
de una tarde azul de abierta,
hundo en tu puerta mis pasos
y no sales a tu puerta.

En tu puerta no hay ventana
por donde poderte hablar.
Tarde, hermosura lejana
que nunca pude lograr.

Y la tarde azul corona
tu puerta gris de vacía.
Y la noche se amontona
sin esperanzas de día.

[43]

Rumorosas pestañas
de los cañaverales.
Cayendo sobre el sueño
del hombre hasta dejarle
el pecho apaciguado
y la cabeza suave.

Ahogad la voz del arma,
que no despierte y salte
con el cuchillo de odio
que entre sus dientes late.

Así, dormido, el hombre
toda la tierra vale.

[44]

Fue una alegría de una sola vez,
de esas que no son nunca más iguales.
El corazón, lleno de historias tristes,
fue arrebatado por las claridades.

Fue una alegría como la mañana,
que puso azul el corazón, y grande,
más comunicativo su latido,
más esbelta su cumbre aleteante.

Fue una alegría que dolió de tanto
encenderse, reírse, dilatarse.
Una mujer y yo la recogimos
desde un niño rodado de su carne.

Fue una alegría en el amanecer
más virginal de todas las verdades.
Se inflamaban los gallos, y callaron
atravesados por su misma sangre.

Fue la primera vez de la alegría
la sola vez de su total imagen.
Las otras alegrías se quedaron
como granos de arena ante los mares.

Fue una alegría para siempre sola,
para siempre dorada, destellante.
Pero es una tristeza para siempre,
porque apenas nacida fue a enterrarse.

[45] [13]

VIDA SOLAR

Cuerpo de claridad que nada empaña.
Todo es materia de cristal radiante,
a través de ese sol que te acompaña,
que te lleva por dentro hacia adelante.

Carne de limpidez enardecida,
hueso más transparente si más hondo,
piel hacia el sur del fuego dirigida.
Sangre resplandeciente desde el fondo.

Cuerpo diurno, día sobrehumano,
fruto del cegador acoplamiento,
de una áurea madrugada del verano
con el más inflamado firmamento.

Ígnea ascensión, sangrienta hacia los montes,
agua sólida y ágil hacia el día,
diáfano barro lleno de horizontes,
coronación astral de la alegría.

Cuerpo como un solsticio de arcos plenos,
bóveda plena, plenas llamaradas.
Todos los cuerpos fulgen más morenos
bajo el cénit de todas tus miradas.

Cuerpo de polen férvido y dorado,

---

[13] El signo positivo de la luz y el sol define esta «vida solar» que es la del hijo. El poeta se plantea, en su abismo y su oscuridad, que sólo pueden ser iluminados por el «cuerpo de claridad», que es ascensión. Las claves espaciales son similares a las de San Juan de la Cruz: el misticismo de Hernández, su ascenso a la luz, tiene una fundamental dimensión histórica.

flexible y rumoroso, tuyo y mío.
De la noche final me has enlutado,
del amor, del cabello más sombrío.

Ilumina el abismo donde lloro
por la consumación de las espumas.
Fúndete con la sombra que atesoro
hasta que en transparencias te consumas.

[46]

Entusiasmo del odio,
ojos del mal querer.
Turbio es el hombre,
turbia la mujer.

[47]

¿Qué pasa?
Rencor por tu mundo,
amor por mi casa.

¿Qué suena?
El tiro en tu monte,
y el beso en mis eras.

¿Qué viene?
Para ti una sola,
para mí dos muertes.

[48]

Corazón de leona
tienes a veces.
Zarpa, nardo del odio,
siempre floreces.

Una leona
llevaré cada día
como corona.

[49]

La vejez en los pueblos.
El corazón sin dueño.
El amor sin objeto.
La hierba, el polvo, el cuervo.
¿Y la juventud?
En el ataúd.

El árbol solo y seco.
La mujer como un leño
de viudez sobre el lecho.
El odio sin remedio.
¿Y la juventud?
En el ataúd.

[50] [14]

Llueve. Los ojos se ahondan
buscando tus ojos: esos
dos ojos que se alejaron
a la sombra cuenca adentro.
Mirada con horizontes
cálidos y fondos tiernos,
íntimamente alentada
por un sol de íntimo fuego
que era en las pestañas, negra
coronación de los sueños.

Mirada negra y dorada,
hecha de dardos directos,
signo de un alma en lo alto
de todo lo verdadero.

---

[14] La lluvia ha sido un elemento presente en la obra desde sus comienzos, como motivo natural que se reitera en su descripción. En la etapa existencial-amorosa acrecienta sus valores hacia una simbolización en la que la pena o el amor obtienen su definición: «lluviosas penas», «lluviosos ojos», «lluviosas soledades», «lluviosos rayos destructores» frente a «llueve, amor, sobre mi vida seca», «Espero a que recaiga en esta arcilla / la lluvia con sus crines y sus colas». La lluvia finalmente se convierte, como en este poema, en la construcción de un mito: el de la muerte que florece, en un sentido individual, el del hijo, o en un sentido colectivo como en el poema «La lluvia» (poema 62): «Cuando la lluvia llama se remueven los muertos / la tierra se hace un hoyo removido, oloroso» (vv. 5-6). La esperanza del florecimiento de la muerte es un mito astral propio de una cultura campesina (cfr. José Carlos Rovira, *Léxico...*, págs. 225-241).

El poema tiene otras dos versiones en B y C, estando indicado en A con puntos suspensivos la ausencia de los versos 14-18 y 19-32, que aquí integramos procedentes de C. Mantengo, sin embargo, a diferencia de todos los editores, los versos 19-20 que no están tachados en A, no habiendo por tanto ninguna razón textual para que no estén presentes.

Ojos que se han consumado
infinitamente abiertos
hacia el saber que vivir
es llevar la luz a un centro.

Llueve como si llorara
raudales un ojo inmenso,
un ojo gris, desangrado,
pisoteado en el cielo.

Llueve sobre tus dos ojos
que pisan hasta los perros.
Llueve sobre tus dos ojos
negros, negros, negros, negros,
y llueve como si el agua
verdes quisiera volverlos.

Pero sus arcos prosiguen
alejándose y hundiendo
negrura frutal en todo
el corazón de lo negro.

¿Volverán a florecer?
Si a través de tantos cuerpos
que ya combaten la flor
renovaran su ascua... Pero
seguirán bajo la lluvia
para siempre mustios, secos.

[51]

Era un hoyo no muy hondo.
Casi en la flor de la sombra.
No hubiera cabido un hombre
en su oscuridad angosta.
Contigo todo fue anchura
en la tierra tenebrosa.

Mi casa contigo era
la habitación de la bóveda.
Dentro de mi casa entraba
por ti la luz victoriosa.

Mi casa va siendo un hoyo.
Yo no quisiera que toda
aquella luz se alejara
vencida, desde la alcoba.

Pero cuando llueve, siento
que las paredes se ahondan,
y reverdecen los muebles,
rememorando las hojas.

Mi casa es una ciudad
con una puerta a la aurora,
otra más grande a la tarde,
y a la noche, inmensa, otra.

Mi casa es un ataúd.
Bajo la lluvia redobla.
Y ahuyenta las golondrinas
que no la quisieran torva.

En mi casa falta un cuerpo.
Dos en nuestra casa sobran.

[52] [15]

A MI HIJO

Te has negado a cerrar los ojos, muerto mío,
abiertos ante el cielo como dos golondrinas:
su calor coronado de junios, ya es rocío
alejándose a ciertas regiones matutinas.

Hoy, que es un día como bajo la tierra, oscuro,
como bajo la tierra, lluvioso, despoblado,
con la humedad sin sol de mi cuerpo futuro,
como bajo la tierra quiero haberte enterrado.

Desde que tú eres muerto no alientan las mañanas,
al fuego arrebatadas de tus ojos solares:
precipitado octubre contra nuestras ventanas,
diste paso al otoño y anocheció los mares.

Te ha devorado el sol, rival único y hondo
y la remota sombra que te lanzó encendido;
te empuja luz abajo llevándote hasta el fondo,
tragándote; y es como si no hubieras nacido.

Diez meses en la luz, redondeando el cielo,
sol muerto, anochecido, sepultado, eclipsado.
Sin pasar por el día se marchitó tu pelo;
atardeció tu carne con el alba en un lado.

El pájaro pregunta por ti, cuerpo al oriente,
carne naciente al alba y al júbilo precisa;
niño que sólo supo reír, tan largamente,
que sólo ciertas flores mueren con tu sonrisa.

---

[15] El manuscrito del cuaderno refuerza el carácter de recuerdo, al mantener exactamente con varias líneas de puntos suspensivos los versos que faltan y que se reconstruyen con una versión de C, que es la que damos, rellenando los espacios correspondientes a los versos 6, 8, 13-23, 25-28 y 31-36.

Ausente, ausente, ausente como la golondrina,
ave estival que esquiva vivir al pie del hielo:
golondrina que a poco de abrir la pluma fina,
naufraga en las tijeras enemigas del vuelo.

Flor que no fue capaz de endurecer los dientes,
de mostrar el más leve signo de la fiereza.
Vida como una hoja de labios incipientes,
hoja que se desliza cuando a sonar empieza.

Los consejos del mar de nada te han valido...
Vengo de dar a un tierno sol una puñalada,
de enterrar un pedazo de pan en el olvido,
de echar sobre unos ojos un puñado de nada.

Verde, rojo, moreno; verde, azul y dorado;
los latentes colores de la vida, los huertos,
el centro de las flores a tus pies destinado,
de oscuros negros tristes, de graves blancos yertos.

Mujer arrinconada: mira que ya es de día.
(¡Ay, ojos sin poniente por siempre en la alborada!)
Pero en tu vientre, pero en tus ojos, mujer mía,
la noche continúa cayendo desolada.

[53] [16]

ORILLAS DE TU VIENTRE

¿Qué exaltaré en la tierra que no sea algo tuyo?
A mi lecho de ausente me echo como a una cruz
de solitarias lunas del deseo, y exalto
la orilla de tu vientre.

Clavellina del valle que provocan tus piernas.
Granada que ha rasgado de plenitud su boca.
Trémula zarzamora suavemente dentada
donde vivo arrojado.

Arrojado y fugaz como el pez generoso,
ansioso de que el agua, la lenta acción del agua
lo devaste: sepulte su decisión eléctrica
de fértiles relámpagos.

Aún me estremece el choque primero de los dos;
cuando hicimos pedazos la luna a dentelladas,
impulsamos las sábanas a un abril de amapolas,
nos inspiraba el mar.

Soto que atrae, umbría de vello casi en llamas,
dentellada tenaz que siento en lo más hondo,
vertiginoso abismo que me recoge, loco
de la lúcida muerte.

Túnel por el que a ciegas me aferro a tus entrañas.
Recóndito lucero tras una madreselva
hacia donde la espuma se agolpa, arrebatada
del íntimo destino.

---

[16] Se reconstruye la parte final del poema (v. 21-48) que faltan en A, donde sigue a los versos 1-20 un espacio y dos páginas en blanco del manuscrito.

En ti tiene el oasis su más ansiado huerto:
el clavel y el jazmín se entrelazan, se ahogan.
De ti son tantos siglos de muerte, de locura
como te han sucedido.

Corazón de la tierra, centro del universo,
todo se atorbellina, con afán de satélite
en torno a ti, pupila del sol que te entreabres
en la flor del manzano.

Ventana que da al mar, a una diáfana muerte
cada vez más profunda, más azul y anchurosa.
Su hálito de infinito propaga los espacios
entre tú y yo y el fuego.

Trágame, leve hoyo donde avanzo y me entierro.
La losa que me cubra sea tu vientre leve,
la madera tu carne, la bóveda tu ombligo,
la eternidad la orilla.

En ti me precipito como en la inmensidad
de un mediodía claro de sangre submarina,
mientras el delirante hoyo se hunde en el mar,
y el clamor se hace hombre.

Por ti logro en tu centro la libertad del astro.
En ti nos acoplamos como dos eslabones,
tú poseedora y yo. Y así somos cadena:
mortalmente abrazados.

[54] [17]

Todo está lleno de ti,
y todo de mí está lleno:
llenas están las ciudades,
igual que los cementerios
de ti, por todas las casas,
de mí, por todos los cuerpos.

Por las calles voy dejando
algo que voy recogiendo:
pedazos de vida mía
venidos desde muy lejos.

Voy alado a la agonía,
arrastrándome me veo
en el umbral, en el fondo
latente del nacimiento.

Todo está lleno de mí:
de algo que es tuyo y recuerdo
perdido, pero encontrado
alguna vez, algún tiempo.

Tiempo que se queda atrás
decididamente negro,

---

[17] Los versos 15-22 se reconstruyen mediante un manuscrito de C al estar indicados en el cuaderno con puntos suspensivos. No incluimos, sin embargo, la primera estrofa de C («Aunque tú no estás, mis ojos / de ti, de todo, están llenos. / No has nacido sólo a un alba, / sólo a un ocaso no he muerto») ni las múltiples variantes de ese original, porque no hay ninguna indicación que nos permita hacerlo.

indeleblemente rojo,
dorado sobre tu cuerpo.

Todo está lleno de ti,
traspasado de tu pelo:
de algo que no he conseguido
y que busco entre tus huesos.

[55]

Callo después de muerto.
Hablas después de viva.
Pobres conversaciones
desusadas por dichas,
nos llevan lo mejor
de la muerte y la vida.

Con espadas fraguadas
en silencio, fundidas
en miradas, en besos,
en pasiones invictas,
nos herimos, nos vamos
a la lucha más íntima.
Con silencio te ataco.
Con silencio tú vibras.
Con silencio reluce
la verdad cristalina.
Con silencio caemos
en la noche, en el día.

[56]

La libertad es algo
que sólo en tus entrañas
bate como el relámpago.

[57]

Cuerpo sobre cuerpo,
tierra sobre tierra:
viento sobre viento.

[58]

Bocas de ira.
Ojos de acecho.
Perros aullando.
Perros y perros.

Todo baldío.
Todo reseco.
Cuerpos y campos,
cuerpos y cuerpos.

¡Qué mal camino,
qué ceniciento
corazón tuyo,
fértil y tierno!

[59]

Tristes guerras
si no es amor la empresa.
Tristes. Tristes.

Tristes armas
si no son las palabras.
Tristes. Tristes.

Tristes hombres
si no mueren de amores.
Tristes. Tristes.

[60]

Los animales del día
a los de la noche buscan.

Lejos anda el sol,
cerca la luna.

Animal del mediodía,
la medianoche me turba.

Lejos anda el sol.
Cerca la luna.

[61] [18]

HIJO DE LA LUZ Y DE LA SOMBRA

I

(HIJO DE LA SOMBRA)

Eres la noche, esposa: la noche en el instante
mayor de su potencia lunar y femenina.
Eres la medianoche: la sombra culminante
donde culmina el sueño, donde el amor culmina.

Forjado por el día, mi corazón que quema
lleva su gran pisada de sol adonde quieres,
con un solar impulso, con una luz suprema,
cumbre de las mañanas y los atardeceres.

Daré sobre tu cuerpo cuando la noche arroje
su avaricioso anhelo de imán y poderío.
Un astral sentimiento febril me sobrecoge,
incendia mi osamenta con un escalofrío.

El aire de la noche desordena tus pechos,
y desordena y vuelca los cuerpos con su choque.
Como una tempestad de enloquecidos lechos,
eclipsa las parejas, las hace un solo bloque.

---

[18]   Como ya hemos dicho, sólo está escrito en el cuaderno el
título y dos líneas de puntos. Restituimos el texto en su versión
más frecuente. Este importante poema escrito en cuartetos alejandrinos, construido como un tríptico, resume perfectamente el
ciclo del nacimiento del primer hijo: en su engendramiento, la gra-
videz de la madre y su nacimiento. Se constelan múltiples imágenes cósmicas, polarizadas por la luz y la sombra, día y noche,
aquí con valor connotativo de positiva exaltación. En la sucesión
del día-amor, la noche se ve penetrada de luz por éste, adquirien-
do así su valor positivo. Poema de múltiples esbozos, algunos ya

La noche se ha encendido como una sorda hoguera
de llamas minerales y oscuras embestidas.
Y alrededor la sombra late como si fuera
las almas de los pozos y el vino difundidas.

Ya la sombra es el nido cerrado, incandescente,
la visible ceguera puesta sobre quien ama;
ya provoca el abrazo cerrado, ciegamente,
ya recoge en sus cuevas cuanto la luz derrama.

La sombra pide, exige seres que se entrelacen,
besos que la constelen de relámpagos largos,
bocas embravecidas, batidas, que atenacen,
arrullos que hagan música de sus mudos letargos.

Pide que nos echemos tú y yo sobre la manta,
tú y yo sobre la luna, tú y yo sobre la vida.
Pide que tú y yo ardamos fundiendo en la garganta,
con todo el firmamento, la tierra estremecida.

El hijo está en la sombra que acumula luceros,
amor, tuétano, luna, claras oscuridades.
Brota de sus perezas y de sus agujeros,
y de sus solitarias y apagadas ciudades.

El hijo está en la sombra: de la sombra ha surtido,
y a su origen infunden los astros una siembra,
un zumo lácteo, un flujo de cálido latido,
que ha de obligar sus huesos al sueño y a la hembra.

Moviendo está la sombra sus fuerzas siderales,
tendiendo está la sombra su constelada umbría,
volcando las parejas y haciéndolas nupciales.
Tú eres la noche, esposa. Yo soy el mediodía.

---

publicados por Sánchez Vidal *(PC,* págs. 887-892), tenemos en la
actualidad uno más que amplía a cuatro el número de prosas y
sucesivas redacciones del poema, lo cual aporta —junto a la evolución «ante-textual» que obviamente no podemos estudiar
aquí— un proceso complejo de reelaboración de escritura que da
cuenta de la obsesión por perfeccionar su obra que Miguel Hernández tuvo siempre.

II

(HIJO DE LA LUZ)

Tú eres el alba, esposa: la principal penumbra,
recibes entornadas las horas de tu frente.
Decidido al fulgor, pero entornado, alumbra
tu cuerpo. Tus entrañas forjan el sol naciente.

Centro de claridades, la gran hora te espera
en el umbral de un fuego que el fuego mismo abrasa:
te espero yo, inclinado como el trigo a la era,
colocando en el centro de la luz nuestra casa.

La noche desprendida de los pozos oscuros,
se sumerge en los pozos donde ha echado raíces.
Y tú te abres al parto luminoso, entre muros
que se rasgan contigo como pétreas matrices.

La gran hora del parto, la más rotunda hora:
estallan los relojes sintiendo tu alarido,
se abren todas las puertas del mundo, de la aurora,
y el sol nace en tu vientre donde encontró su nido.

El hijo fue primero sombra y ropa cosida
por tu corazón hondo desde tus hondas manos.
Con sombras y con ropas anticipó su vida,
con sombras y con ropas de gérmenes humanos.

Las sombras y las ropas sin población, desiertas,
se han poblado de un niño sonoro, un movimiento,
que en nuestra casa pone de par en par las puertas,
y ocupa en ella a gritos el luminoso asiento.

¡Ay, la vida: qué hermoso penar tan moribundo!
Sombras y ropas trajo la del hijo que nombras.
Sombras y ropas llevan los hombres por el mundo.
Y todos dejan siempre sombras: ropas y sombras.

Hijo del alba eres, hijo del mediodía.
Y ha de quedar de ti luces en todo impuestas,
mientras tu madre y yo vamos a la agonía,
dormidos y despiertos con el amor a cuestas.

Hablo y el corazón me sale en el aliento.
Si no hablara lo mucho que quiero me ahogaría.
Con espliego y resinas perfumo tu aposento.
Tú eres el alba, esposa. Yo soy el mediodía.

III

(HIJO DE LA LUZ Y DE LA SOMBRA)

Tejidos en el alba, grabados, dos panales
no pueden detener la miel en los pezones.
Tus pechos en el alba: maternos manantiales,
luchan y se atropellan con blancas efusiones.

Se han desbordado, esposa, lunarmente tus venas,
hasta inundar la casa que tu sabor rezuma.
Y es como si brotaras de un pueblo de colmenas,
tú toda una colmena de leche con espuma.

Es como si tu sangre fuera dulzura toda,
laboriosas abejas filtradas por tus poros.
Oigo un clamor de leche, de inundación, de boda
junto a ti, recorrida por caudales sonoros.

Caudalosa mujer, en tu vientre me entierro.
Tu caudaloso vientre será mi sepultura.
Si quemaran mis huesos con la llama del hierro,
verían qué grabada llevo allí tu figura.

Para siempre fundidos en el hijo quedamos:
fundidos como anhelan nuestras ansias voraces:
en un ramo de tiempo, de sangre, los dos ramos,
en un haz de caricias, de pelo, los dos haces.

Los muertos, con un fuego congelado que abrasa,
laten junto a los vivos de una manera terca.
Viene a ocupar el hijo los campos y la casa
que tú y yo abandonamos quedándonos muy cerca.

Haremos de este hijo generador sustento,
y hará de nuestra carne materia decisiva:
donde sienten su alma las manos y el aliento
las hélices circulen, la agricultura viva.

Él hará que esta vida no caiga derribada,
pedazo desprendido de nuestros dos pedazos,
que de nuestras dos bocas hará una sola espada
y dos brazos eternos de nuestros cuatros brazos.

No te quiero a ti sola: te quiero en tu ascendencia
y en cuanto de tu vientre descenderá mañana.
Porque la especie humana me han dado por herencia
la familia del hijo será la especie humana.

Con el amor a cuestas, dormidos y despiertos,
seguiremos besándonos en el hijo profundo.
Besándonos tú y yo se besan nuestros muertos,
se besan los primeros pobladores del mundo.

[62] [19]

(LA LLUVIA)

Ha enmudecido el campo, presintiendo la lluvia.
Reaparece en la tierra su primer abandono.
La alegría del cielo se desconsuela a veces,
sobre un pastor sediento.

Cuando la lluvia llama se remueven los muertos.
La tierra se hace un hoyo removido, oloroso.
Los árboles exhalan su último olor profundo
dispuestos a morirse.

Bajo la lluvia adquiere la voz de los relojes
la gravedad, la angustia de la postrera hora.
Reviven las heridas visibles y las otras
que sangran hacia dentro.

Todo se hace entrañable, reconcentrado, íntimo.
Como bajo el subsuelo, bajo el signo lluvioso.
Todo, todo parece desear ahora
la paz definitiva.

Llueve como una sangre transparente, hechizada.
Me siento traspasado por la humedad del suelo
que habrá de sujetarme para siempre a la sombra,
para siempre a la lluvia.

El cielo se desangra pausadamente herido.
El verde intensifica la penumbra en las hojas.
Los troncos y los muertos se oscurecen aún más
por la pasión del agua.

---

[19] Sólo está escrito el título y una línea de puntos. El manuscrito principal está en C. Tiene además varios bocetos. Su desarrollo textual puede seguirse en PC, págs. 894-897. A partir del verso 25 procede de un manuscrito de difícil lectura, reconstruido por Sánchez Vidal en su edición.

Y retoñan las cartas viejas en los rincones
que olvido bajo el sol. Los besos de anteayer,
las maderas más viejas y resecas, los muertos
retoñan cuando llueve.

Bodegas, pozos, almas, saben a más hundidos.
Inundas, casi sepultados, mis sentimientos,
tú, que, brumosa, inmóvil, pareces el fantasma
de tu fotografía.

Música de la lluvia, de la muerte, del sueño,
. . . .
Todos los animales, fatídicos, se inclinan
debajo de las gotas.

Suena en las hojas secas igual que en las esquinas,
suena en el mar la lluvia como en un imposible.
Suena dentro del surco como en un vientre seco,
seco, sordo, baldío.

Suena en las hondonadas y en los barrancos: suena
como una pasión íntima suicidada o ahogada.
Suena como las balas penetrando la carne,
como el llanto de todos.

Redoblan sus tambores, tañe su flauta lenta,
su lagrimosa lengua que lame tercamente.
Y siempre suena como sobre los ataúdes,
los dolores, la noche.

[63]

Menos tu vientre,
todo es confuso.
Menos tu vientre,
todo es futuro,
fugaz, pasado
baldío, turbio.
Menos tu vientre,
todo es oculto.
Menos tu vientre,
todo inseguro,
todo postrero,
polvo sin mundo.
Menos tu vientre
todo es oscuro.
Menos tu vientre
claro y profundo.

[64] [20]

ANTES DEL ODIO

Beso soy, sombra con sombra.
Beso, dolor con dolor,
por haberme enamorado,
corazón sin corazón,
de las cosas, del aliento
sin sombra de la creación.
Sed con agua en la distancia,
pero sed alrededor.

Corazón en una copa
donde me lo bebo yo,
y no se lo bebe nadie,
nadie sabe su sabor.
Odio, vida: ¡cuánto odio
sólo por amor!

No es posible acariciarte
con las manos que me dio
el fuego de más deseo,
el ansia de más ardor.

---

[20]   Un comentario fundamental del poema es el de Carlos
Bousoño («Notas sobre un poema de Miguel: *Antes del odio»,* en
Cuadernos de Agora, núms. 49-50, noviembre-diciembre de 1960,
págs. 31-35), donde analiza los recursos que esta composición
pone en juego, destacando el valor íntimo de este poema como
forma de redimensionamiento de la poesía de Hernández: «La
pieza expresa una determinada situación humana del poeta, y lo
hace con emocionantes acentos de vida personal. Lo que sentimos en cada palabra no es la inubicable voz de un protagonista
puramente literario, sino el temblor y el movimiento anímicos de
un hombre que se llamó Miguel, colocado en una patética y con-

Varias alas, varios vuelos
abaten en ellas hoy
hierros que cercan las venas
y las muerden con rencor.
Por amor, vida, abatido,
pájaro sin remisión.
Sólo por amor odiado.
Sólo por amor.

Amor, tu bóveda arriba
y yo abajo siempre, amor,
sin otra luz que estas ansias,
sin otra iluminación.
Mírame aquí encadenado,
escupido, sin calor,
a los pies de la tiniebla
más súbita, más feroz,
comiendo pan y cuchillo
como buen trabajador
y a veces cuchillo sólo,
sólo por amor.

Todo lo que significa
golondrinas, ascensión,
claridad, anchura, aire,
decidido espacio, sol,
horizonte aleteante,
sepultado en un rincón.
Esperanza, mar, desierto,
sangre, monte rodador:
libertades de mi alma
clamorosas de pasión,

_____

cretísima circunstancia de la postguerra española. Hoy este modo
de escribir podrá parecernos normal, pero en la fecha en que fue
redactado el poema, ello constituía casi una revolución, porque
iba en dirección opuesta a lo que había sido, con ciertas excepcio-
nes, la poesía a partir de 1925.»

desfilando por mi cuerpo,
donde no se quedan, no,
pero donde se despliegan,
sólo por amor.

Porque dentro de la triste
guirnalda del eslabón,
del sabor a carcelero
constante, y a paredón,
y a precipicio en acecho,
alto, alegre, libre soy.
Alto, alegre, libre, libre,
sólo por amor.

No, no hay cárcel para el hombre.
No podrán atarme, no.
Este mundo de cadenas
me es pequeño y exterior.
¿Quién encierra una sonrisa?
¿Quién amuralla una voz?
A lo lejos tú, más sola
que la muerte, la una y yo.
A lo lejos tú, sintiendo
en tus brazos mi prisión:
cn tus brazos donde late
la libertad de los dos.
Libre soy. Siénteme libre.
Sólo por amor.

[65]

Palomar del arrullo
fue la habitación.
Provocabas palomas
con el corazón.

Palomar, palomar
derribado, desierto,
sin arrullo por nunca jamás.

[66] [21]

LA BOCA

Boca que arrastra mi boca:
boca que me has arrastrado:
boca que vienes de lejos
a iluminarme de rayos.
Alba que das a mis noches
un resplandor rojo y blanco.
Boca poblada de bocas:
pájaro lleno de pájaros.

Canción que vuelve las alas
hacia arriba y hacia abajo.
Muerte reducida a besos,
a sed de morir despacio,
dando a la grana sangrante
dos tremendos aletazos.
El labio de arriba el cielo
y la tierra el otro labio.

Beso que rueda en la sombra:
beso que viene rodando
desde el primer cementerio
hasta los últimos astros.
Astro que tiene tu boca
enmudecido y cerrado,
hasta que un roce celeste
hace que vibren sus párpados.

---

[21]   La boca ocupa un papel doble en la poesía final: como en
este poema, referente obsesivo de la ausencia amorosa; o, contextualizada negativamente, como «bocas de ira», inversión de otras
bocas colectivas y positivas del período de la guerra.

Beso que va a un porvenir
de muchachas y muchachos,
que no dejarán desiertos
ni las calles ni los campos.

¡Cuántas bocas enterradas,
sin boca, desenterramos!

Bebo en tu boca por ellos,
brindo en tu boca por tantos
que cayeron sobre el vino
de los amorosos vasos.
Hoy son recuerdos, recuerdos,
besos distantes y amargos.

Hundo en tu boca mi vida,
oigo rumores de espacios,
y el infinito parece
que sobre mí se ha volcado.

He de volverte a besar,
he de volver, hundo, caigo,
mientras descienden los siglos
hacia los hondos barrancos
como una febril nevada
de besos y enamorados.

Boca que desenterraste
el amanecer más claro
con tu lengua. Tres palabras,
tres fuegos has heredado:
vida, muerte, amor. Ahí quedan
escritos sobre tus labios.

[67]

La basura diaria
que de los hombres queda
sobre mis sentimientos
y mis sentidos pesa.

Es la triste basura
de los turbios deseos,
de las pasiones turbias.

[68]

Cerca del agua te quiero llevar,
porque tu arrullo trascienda del mar.

Cerca del agua te quiero tener,
porque te aliente su vívido ser.

Cerca del agua te quiero sentir,
porque la espuma te enseñe a reír.

Cerca del agua te quiero, mujer,
ver, abarcar, fecundar, conocer.

Cerca del agua perdida del mar,
que no se puede perder ni encontrar.

[69]

El azahar de Murcia
y la palmera de Elche
para exaltar la vida
sobre tu vida ascienden.

El azahar de Murcia
y la palmera de Elche
para seguir la vida
bajan sobre tu muerte.

[70]

ASCENSIÓN DE LA ESCOBA

Coronad a la escoba de laurel, mirto, rosa.
Es el héroe entre aquellos que afrontan la basura.
Para librar del polvo sin vuelo cada cosa
bajó, porque era palma y azul, desde la altura.

Su ardor de espada joven y alegre no reposa.
Delgada de ansiedad, pureza, sol, bravura,
azucena que barre sobre la misma fosa,
es cada vez más alta, más cálida, más pura.

Nunca: la escoba nunca será crucificada,
porque la juventud propaga su esqueleto
que es una sola flauta muda, pero sonora.

Es una sola lengua sublime y acordada.
Y ante su aliento raudo se ausenta el polvo quieto.
Y asciende una palmera, columna hacia la aurora.

[71]

DESPUÉS DEL AMOR

No pudimos ser. La tierra
no pudo tanto. No somos
cuanto se propuso el sol
en un anhelo remoto.
Un pie se acerca a lo claro.
En lo oscuro insiste el otro.
Porque el amor no es perpetuo
en nadie, ni en mí tampoco.
El odio aguarda su instante
dentro del carbón más hondo.
Rojo es el odio y nutrido.
El amor, pálido y solo.
Cansado de odiar, te amo.
Cansado de amar, te odio.

Llueve tiempo, llueve tiempo.
Y un día triste entre todos,
triste por toda la tierra,
triste desde mí hasta el lobo,
dormimos y despertamos
con un tigre entre los ojos.

Piedras, hombres como piedras,
duros y plenos de encono,
chocan en el aire, donde
chocan las piedras de pronto.

Soledades que hoy rechazan
y ayer juntaban sus rostros.
Soledades que en el beso

guardan el rugido sordo.
Soledades para siempre.
Soledades sin apoyo.

Cuerpos como un mar voraz,
entrechocado, furioso.

Solitariamente atados
por el amor, por el odio,
por las venas surgen hombres,
cruzan las ciudades, torvos.

En el corazón arraiga
solitariamente todo.
Huellas sin compaña quedan
como en el agua, en el fondo.

Sólo una voz, a lo lejos,
siempre a lo lejos la oigo,
acompaña y hace ir
igual que el cuello a los hombros.

Sólo una voz me arrebata
este armazón espinoso
de vello retrocedido
y erizado que me pongo.

Los secos vientos no pueden
secar los mares jugosos.
Y el corazón permanece
fresco en su cárcel de agosto
porque esa voz es el arma
más tierna de los arroyos:

«Miguel: me acuerdo de ti
después del sol y del polvo,
antes de la misma luna,
tumba de un sueño amoroso.»

Amor: aleja mi ser
de sus primeros escombros,
y edificándome, dicta
una verdad como un soplo.
Después del amor, la tierra.
Después de la tierra, todo.

[72]

El número de sangres
que el mundo iluminó
en dos halló el principio:
tú y yo.

El número de sangres
que es cada vez mayor
en dos busca sus fines:
tú y yo.

El número de sangres
que en el espacio son
en dos son infinitos:
tú y yo.

[73]

La cantidad de mundos
que con los ojos abres,
que cierras con los brazos.

La cantidad de mundos
que con los ojos cierras,
que con los brazos abres.

[74]

Entre nuestras dos sangres
algo que aparta, algo
que aleja, impide, ciega,
sucede palmo a palmo.

Entre nuestras dos sangres
va sucediendo algo,
arraiga el horizonte,
hace anchura el espacio.

Entre nuestras dos sangres
ha de suceder algo,
un puente como un niño,
un niño como un arco.

Entre nuestras dos sangres
hay cárceles con manos.
Cuanto sucede queda
entre los dos de paso.

[75]

A la luna venidera
te acostarás a parir
y tu vientre irradiará
claridades sobre mí.
Alborada de tu vientre,
cada vez más claro en sí,
esclareciendo los pozos,
anocheciendo el marfil.

A la luna venidera
el mundo se vuelve a abrir.

[76]

Vino. Dejó las armas,
las garras, la maleza.

La suavidad que sube,
la suavidad que reina
sobre la voz, el paso,
sobre la piel, la pierna,
arrebató su cuerpo
y estremeció sus cuerdas.

Se consumó la fiera.

La noche sobrehumana
la sangre ungió de estrellas,
relámpagos, caricias,
silencios, besos, penas.

Memoria de la fiera.

Pero al venir el alba
se abalanzó sobre ella
y recobró las armas,
las garras, la maleza.
Salió. Se fue dejando
locas de amor las puertas.

Se reanimó la fiera.

Y espera desde entonces
hasta que el hombre vuelva.

[77]

El mundo es como aparece
ante mis cinco sentidos,
y ante los tuyos que son
las orillas de los míos.
El mundo de los demás
no es el nuestro: no es el mismo.
Lecho del agua que soy,
tú, los dos, somos el río
donde cuanto más profundo
se ve más despacio y límpido.
Imágenes de la vida:
cada vez las recibimos,
nos reciben entregados
más unidamente a un ritmo.
Pero las cosas se forman
con nuestros propios delirios.
El aire tiene el tamaño
del corazón que respiro
y el sol es como la luz
con que yo le desafío.
Ciegos para los demás,
oscuros, siempre remisos,
miramos siempre hacia adentro,
vemos desde lo más íntimo.
Trabajo y amor me cuesta
conmigo así, ver contigo;
aparecer, como el agua
con la arena, siempre unidos.

Nadie me verá del todo
ni es nadie como lo miro.
Somos algo más que vemos,
algo menos que inquirimos.
Algún suceso de todos
pasa desapercibido.
Nadie nos ha visto. A nadie
ciegos de ver, hemos visto.

[78]

GUERRA

Todas las madres del mundo
ocultan el vientre, tiemblan,
y quisieran retirarse,
a virginidades ciegas,
el origen solitario
y el pasado sin herencia.
Pálida, sobrecogida
la fecundidad se queda.
El mar tiene sed y tiene
sed de ser agua la tierra.
Alarga la llama el odio
y el amor cierra las puertas.
Voces como lanzas vibran,
voces como bayonetas.
Bocas como puños vienen,
puños como cascos llegan.
Pechos como muros roncos,
piernas como patas recias.
El corazón se revuelve,
se atorbellina, revienta.
Arroja contra los ojos
súbitas espumas negras.

La sangre enarbola el cuerpo,
precipita la cabeza
y busca un hueco, una herida
por donde lanzarse afuera.

La sangre recorre el mundo
enjaulada, insatisfecha.
Las flores se desvanecen

devoradas por la hierba.
Ansias de matar invaden
el fondo de la azucena.
Acoplarse con metales
todos los cuerpos anhelan:
desposarse, poseerse
de una terrible manera.

Desaparecer: el ansia
general, creciente, reina.
Un fantasma de estandartes,
una bandera quimérica,
un mito de patrias: una
grave ficción de fronteras.

Músicas exasperadas,
duras como botas, huellan
la faz de las esperanzas
y de las entrañas tiernas.
Crepita el alma, la ira.
El llanto relampaguea.
¿Para qué quiero la luz
si tropiezo con tinieblas?

Pasiones como clarines,
coplas, trompas que aconsejan
devorarse ser a ser,
destruirse, piedra a piedra.
Relinchos. Retumbos. Truenos.
Salivazos. Besos. Ruedas.
Espuelas. Espadas locas
abren una herida inmensa.

Después, el silencio, mudo
de algodón, blanco de vendas,
cárdeno de cirugía,

mutilado de tristeza.
El silencio. Y el laurel
en un rincón de osamentas.
Y un tambor enamorado,
como un vientre tenso, suena
detrás del innumerable
muerto que jamás se aleja.

[79] [22]

[NANAS DE LA CEBOLLA]

La cebolla es escarcha
cerrada y pobre:
escarcha de tus días
y de mis noches.
Hambre y cebolla:
hielo negro y escarcha
grande y redonda.

En la cuna del hambre
mi niño estaba.
Con sangre de cebolla
se amamantaba.
Pero tu sangre,
escarchaba de azúcar,
cebolla y hambre.

Una mujer morena,
resuelta en luna,
se derrama hilo a hilo
sobre la cuna.

---

[22] La anécdota que genera el poema es suficientemente cono-
cida: el poeta ha recibido una carta de Josefina Manresa en la
que ésta le decía que no se alimentaba más que de pan y cebolla.
El 12 de septiembre de 1939, desde la cárcel de Torrijos en Madrid, le responde Hernández: «Estos días me los he pasado cavi-
lando sobre tu situación, cada día más difícil. El olor de cebolla
que comes me llega hasta aquí y mi niño se sentirá indignado de
mamar y sacar zumo de cebolla en vez de leche. Para que lo con-
sueles, te mando estas coplillas que he hecho...» El título del poema no es de Hernández, sino del primer editor, siendo asumido
por los restantes y difundido popularmente.

Ríete, niño,
que te tragas la luna
cuando es preciso.

Alondra de mi casa,
ríete mucho.
Es tu risa en los ojos
la luz del mundo.
Ríete tanto
que en el alma, al oírte,
bata el espacio.

Tu risa me hace libre,
me pone alas.
Soledades me quita,
cárcel me arranca.
Boca que vuela,
corazón que en tus labios
relampaguea.

Es tu risa la espada
más victoriosa.
Vencedor de las flores
y las alondras.
Rival del sol,
porvenir de mis huesos
y de mi amor.

La carne aleteante,
súbito el párpado,
y el niño como nunca
coloreado.
¡Cuánto jilguero
se remonta, aletea,
desde tu cuerpo!

Desperté de ser niño.
Nunca despiertes.
Triste llevo la boca.
Ríete siempre.

Siempre en la cuna,
defendiendo la risa
pluma por pluma.

Ser de vuelo tan alto,
tan extendido,
que tu carne parece
cielo cernido.
¡Si yo pudiera
remontarme al origen
de tu carrera!

Al octavo mes ríes
con cinco azahares.
Con cinco diminutas
ferocidades.
Con cinco dientes
como cinco jazmines
adolescentes.

Frontera de los besos
serán mañana,
cuando en la dentadura
sientas un arma.
Sientas un fuego
correr dientes abajo
buscando el centro.

Vuela niño en la doble
luna del pecho.
Él, triste de cebolla.
Tú, satisfecho.
No te derrumbes.
No sepas lo que pasa
ni lo que ocurre.

B²³

CANCIONERO DE AUSENCIAS

²³ Forman el presente grupo de poemas 30 composiciones
procedentes del grupo B, titulado por el poeta *Cancionero de
ausencias*. Aun con las reservas que el citado grupo nos plantea,
manifestadas en la Introducción, aceptamos totalmente el planteamiento de Sánchez Vidal en su edición para la valoración de
este conjunto que, obviamente, debe ser editado fuera del cuaderno por la selección que el propio Hernández ha realizado sobre
él, al pasar 49 composiciones de B al cuaderno y dejar en B estas
30 composiciones, que difieren en cualquier caso de las dadas por
Sánchez Vidal y por los restantes editores. Una lectura total de
las hojas del conjunto B, en el orden comentado, nos entrega estos poemas entre los que aparecen algunos de los inéditos aportados por Leopoldo de Luis y Jorge Urrutia en su edición del
CRA1984 (otros van al apéndice final en cuanto están tachados
por el poeta): son estos los poemas 83, 87, 100 y 104; aparecen
también algunos de los que publiqué en la revista *Canelobre,* número 4, verano de 1985, págs. 4-8 (otros van al apéndice final porque
están tachados y otros al apartado siguiente porque no proceden de
B): son aquí 84, 85 y 86. El breve poema 96, que aparecía en nota
de CRA1984 como una variante del 36 (de esta edición) no puede
ser considerado obviamente como tal y debe ser editado en el interior de esta serie. Por último, el poema 109, inédito hasta ahora, que aparece en B, tiene sin embargo aquí la versión más am-
plia de C, puesto que al manuscrito B le faltan los versos 6-10,
estando indicados por algunas palabras.

[80]

Debajo del granado
de mi pasión
amor, amor he llorado
¡ay de mi corazón!

Al fondo del granado
de mi pasión
el fruto se ha desangrado
¡ay de mi corazón!

[81]

El mar también elige
puertos donde reír
como los marineros.

El mar de los que son.

El mar también elige
puertos donde morir.
Como los marineros.

El mar de los que fueron.

[82]

¿Quién llenará este vacío
de cielo desalentado
que deja tu cuerpo al mío?

[83]

No vale entristecerse.
La sombra que te lo ha dado.
La sombra que se lo lleve.

[84]

Me descansa
sentir que te arrullan
las aguas.
Me consuela
sentir que te abraza
la tierra.

[85]

Cuerpos, soles, alboradas,
cárceles y cementerios,
donde siempre hay un pedazo
de sombra para mi cuerpo.

[86]

Suave aliento suave
claro cuerpo claro
densa frente densa
penetrante labio.
Vida caudalosa,
vientre de dos arcos.
Todo lo he perdido, tierra
todo lo has ganado.

[87]

Los animales íntimos
que forman tu pasado
hicieron firme la negrura de tu pelo.
Los animales íntimos
que forman mi pasado
ambicionaron con firmeza retenerlo.

[88]

Enciende las dos puertas,
abre la lumbre.
No sé lo que me pasa
que tropiezo en las nubes.

[89]

Entre las fatalidades
que somos tú y yo, él ha sido
la fatalidad más grande.

[90]

Dicen que parezco otro.
Pero sigo siendo el mismo
desde tu vientre remoto.

[91]

El pozo y la palmera
se ahondan en tu cuerpo
poblado de ascendencias.

[92]

Tengo celos de un muerto,
de un vivo, no.

Tengo celos de un muerto
que nunca te miró.

[93]

Quise despedirme más,
y sólo vi tu pañuelo
lejano irse.

Imposible.

Y un golpe de polvo vino
a cegarme, ahogarme, herirme.
Polvo desde entonces trago.

Imposible.

[94]

No te asomes
a la ventana,
que no hay nada en esta casa.

Asómate a mi alma.

No te asomes
al cementerio,
que no hay nada entre estos huesos.

Asómate a mi cuerpo.

[95]

De la contemplación
nace la rosa:
del amor el naranjo
y el laurel:
tú y yo del beso aquél.

[96]

Muerto mío.
Te has ido con el verano.
¿Sientes frío?

[97]

Dime desde allá abajo
la palabra *te quiero*.

¿Hablas bajo la tierra?

Hablo como el silencio.

¿Quieres bajo la tierra?

Bajo la tierra quiero
porque hacia donde cruzas
quiere cruzar mi cuerpo.

Ardo desde allá abajo
y alumbro tu recuerdo.

[98]

Querer, querer, querer:
ésa fue mi corona,
ésa es.

[99]

Ni te lavas ni te peinas,
ni sales de ese rincón.
Contigo queda la sombra,
conmigo el sol.

[100]

Llama, ¿para quién?
Llama, para alguien.
Cruza las tinieblas
y no alumbra a nadie.

[101]

Son míos, ¡ay!, son míos
los bellos cuerpos muertos,
los bellos cuerpos vivos,
los cuerpos venideros.

Son míos, ¡ay!, son míos
a través de tu cuerpo.

[102]

Tanto río que va al mar
donde no hace falta el agua.
Tantos cuerpos que se secan.
Tantos cuerpos que se abrazan.

[103]

La fuerza que me arrastra
hacia el sur de la tierra
es mi sangre primera.

La fuerza que me arrastra
hacia el fondo del sur,
muerto mío, eres tú.

[104]

Cuando te hablo del muerto
se te quedan las manos
quietas sobre mi cuerpo.

Háblame de la muerta.
Y encontrarás mis manos
sobre tu cuerpo quietas.

[105]

No puedo olvidar
que no tengo alas,
que no tengo mar,
vereda ni nada
con que irte a besar.

[106]

¿Para qué me has parido, mujer?:
¿para qué me has parido?

Para dar a los cuerpos de allá
este cuerpo que siento hacia aquí,
hacia ti traído.

Para qué me has parido, mujer,
si tan lejos de ti me has parido.

[107]

Tú de blanco, yo de negro,
vestidos nos abrazamos.
Vestidos aunque desnudos
tú de negro, yo de blanco.

[108]

De aquel querer mío,
¿qué queda en el aire?

Sólo un traje frío
donde ardió la sangre.

[109]

Rotos, rotos: ¡Qué rotos!
Rotos: cristales rotos
de tanto dilatarse
en ver, arder, querer,
luchar, odiar, mis ojos.

Rotos: por siempre rotos.
Rotos: espejos rotos
caídos, sin imagen,
sin dirección, tus ojos.

C²⁴

OTROS POEMAS DEL CICLO (I)

---

²⁴ Forman este grupo algunos poemas de C en primer lugar
(112, 113, 114 los publiqué en el número citado de la revista *Canelobre* y aparecen aquí por primera vez en libro). Nótese la con-
tinuidad significativa de la serie también en relación al anterior.
La composición 110 aparece de nuevo como un solo poema (en
contra de la opinión de PC y CRA1984) puesto que en el manuscrito no hay una indicación de separación (una raya) que es siempre habitual en estos textos. De los poemas 114 y 120 no conoce-
mos el manuscrito y proceden de la edición OC. El resto —los
más amplios— tienen su origen en manuscritos sueltos.

[110]

Qué cara de herido pongo
cuando te veo y me miro
por la ribera del hombro.

Enterrado me veo,
crucificado
en la cruz y en hoyo
del desengaño:
qué mala luna
me ha empujado a quererte
como a ninguna.

[111]

Pongo cara de herido
cuando respiras
y de muerto que sufre
cuando me miras.
Tú has conseguido
tenerme a cada instante
muerto y herido.

[112]

Cuando respiras me hieres,
cuando me miras me matas,
tus cejas son dos cuchillos
negros, tus negras pestañas.

[113]

Por la voz de la herida
que tú me has hecho
habla desembocando
todo mi pecho.
Es mi persona
una torre de heridas
que se desploma.

[114]

Que me aconseje el mar
lo que tengo que hacer:
si matar, si querer.

[115]

EL ÚLTIMO RINCÓN

El último y el primero:
rincón para el sol más grande,
sepultura de esta vida
donde tus ojos no caben.

Allí quisiera tenderme
para desenamorarme.

Por el olivo lo quiero,
lo percibo por la calle,
se sume por los rincones
donde se sumen los árboles.

Se ahonda y hace más honda
la intensidad de mi sangre.

Carne de mi movimiento,
huesos de ritmos mortales:
me muero por respirar
sobre vuestros ademanes.
Corazón que entre dos piedras
ansiosas de machacarte,
de tanto querer te ahogas
como un mar entre dos mares.
De tanto querer me ahogo,
y no me es posible ahogarme.

¿Qué hice para que pusieran
a mi vida tanta cárcel?

Tu pelo donde lo negro
ha sufrido las edades
de la negrura más firme,

y la más emocionante:
tu secular pelo negro
recorro hasta remontarme
a la negrura primera
de tus ojos y tus padres,
al rincón del pelo denso
donde relampagueaste.

Ay, el rincón de tu vientre;
el callejón de tu carne:
el callejón sin salida
donde agonicé una tarde.

La pólvora y el amor
marchan sobre las ciudades
deslumbrando, removiendo
la población de la sangre.

El naranjo sabe a vida
y el olivo a tiempo sabe.

Y entre el clamor de los dos
mi corazón se debate.

El último y el primero:
rincón donde algún cadáver
siente el arrullo del mundo
de los amorosos cauces.

Siesta que ha entenebrecido
el sol de las humedades.

Allí quisiera tenderme
para desenamorarme.

Después del amor, la tierra.
Después de la tierra, nadie.

[116]

CANTAR

Es la casa un palomar
y la cama un jazminero.
Las puertas de par en par
y en el fondo el mundo entero.

El hijo, tu corazón
madre que se ha engrandecido.
Dentro de la habitación
todo lo que ha florecido.
El hijo te hace un jardín,
y tú has hecho al hijo, esposa,
la habitación del jazmín,
el palomar de la rosa.

Alrededor de tu piel
ato y desato la mía.
Un mediodía de miel
rezumas: un mediodía.

¿Quién en esta casa entró
y la apartó del desierto?
Para que me acuerde yo,
alguien que soy yo y ha muerto.

Viene la luz más redonda
a los almendros más blancos.
La vida, la luz se ahonda
entre muertos y barrancos.

Venturoso es el futuro,
como aquellos horizontes
de pórfido y mármol puro
donde respiran los montes.

Arde la casa encendida
de besos y sombra amante.
No puede pasar la vida
más honda y emocionante.

Desbordadamente sorda
la leche alumbra tus huesos.
Y la casa se desborda
con ella, el hijo y los besos.

Tú, tu vientre caudaloso,
el hijo y el palomar.
Esposa, sobre tu esposo
suenan los pasos del mar.

[117] [25]

El pez más viejo del río
de tanta sabiduría
como amontonó, vivía
brillantemente sombrío.
Y el agua le sonreía.

Tan sombrío llegó a estar
(nada el agua le divierte)
que después de meditar
tomó el camino del mar,
es decir, el de la muerte.

---

[25] Los tres poemas que siguen están dedicados al motivo regenerador de esperanzas del segundo hijo, siendo la fecha probable de escritura del 119 el 4 de enero de 1941, segundo aniversario del nacimiento del niño. Sobre el primero, que se publicó en la revista *Halcón* (núm. 8, mayo de 1946) con el título «A la niña Rosa María» hay un dato textual que convierte el verso 12 en «Niña solar. Ese día» y que nos relataba hace tiempo Antonio Buero Vallejo, refiriéndose a que había conocido el dato en la prisión de Ocaña, donde Hernández estuvo desde el 29 de noviembre de 1940 al 23 de junio de 1941. Buero, que estuvo en Ocaña inmediatamente después de Hernández, opina que el poema lo escribió en este período y con la siguiente anécdota que le relataron: «... un compañero de prisión desconocido cavilaba, mirando el retrato de su hija, en qué podría mandarle o decirle con motivo de su santo o su cumpleaños. Le explicó a Miguel lo que le sucedía y Miguel vio la foto. Se la pidió por un rato, se fue a su petate y tiempo después devolvió la foto, con esa poesía para la hija de su compañero» (carta del 30 marzo 78). Sin embargo, por su tradición textual, tenemos que considerar el poema con dos destinatarios y con dos versiones, puesto que desde Ocaña Hernández manda un dibujo a Josefina Manresa con un pez y un río desarrollando gráficamente el motivo de la composición.

Reíste tú junto al río,
niño solar. Y ese día
el pez más viejo del río
se quitó el aire sombrío.
Y el agua te sonreía.

[118]

Rueda que irás muy lejos.
Ala que irás muy alto.
Torre del día, niño.
Alborear del pájaro.

Niño: ala, rueda, torre.
Pie. Pluma. Espuma. Rayo.
Ser como nunca ser.
Nunca serás en tanto.

Eres mañana. Ven
con todo de la mano.
Eres mi ser que vuelve
hacia su ser más claro.
El universo eres
que guía esperanzado.

Pasión del movimiento,
la tierra es tu caballo.
Cabálgala. Domínala.
Y brotará en su casco
su piel de vida y muerte,
de sombra y luz, piafando.
Asciende. Rueda. Vuela,
creador de alba y mayo.
Galopa. Ven. Y colma
el fondo de mis brazos.

[119]

Con dos años, dos flores
cumples ahora.
Dos alondras llenando
toda tu aurora.
Niño radiante:
va mi sangre contigo
siempre adelante.

Sangre mía, adelante,
no retrocedas.
La luz rueda en el mundo,
mientras tú ruedas.
Todo te mueve,
universo de un cuerpo
dorado y leve.

Herramienta es tu risa,
luz que proclama
la victoria del trigo
sobre la grama.
Ríe. Contigo
venceré siempre al tiempo
que es mi enemigo.

[120]

CASIDA DEL SEDIENTO

Arena del desierto
soy: desierto de sed.
Oasis es tu boca
donde no he de beber.

Boca: oasis abierto
a todas las arenas del desierto.

Húmedo punto en medio
de un mundo abrasador,
el de tu cuerpo, el tuyo,
que nunca es de los dos.

Cuerpo: pozo cerrado
a quien la sed y el sol han calcinado.

(Ocaña, mayo de 1941.)

D [26]

OTROS POEMAS DEL CICLO (II)

---

[26] Forman este grupo un conjunto de poemas procedentes de manuscritos aislados que se diferencian de los anteriores por la mayor elaboración que manifiestan (arte mayor; sonetos o series de cuartetos; alejandrinos o endecasílabos). Al editar en el interior del cuaderno algunos de los que tradicionalmente construyen esta serie, bien podían ir éstos con el grupo anterior, aunque, por tradición editorial, los mantenemos aparte.

[121] [27]

TODO ERA AZUL

Todo era azul delante de aquellos ojos y era
verde hasta lo entrañable, dorado hasta muy lejos.
Porque el color hallaba su encarnación primera
dentro de aquellos ojos de frágiles reflejos.

Ojos nacientes: luces en una doble esfera.
Todo radiaba en torno como un solar de espejos.
Vivificar las cosas para la primavera
poder fue de unos ojos que nunca han sido viejos.

Se los devoran. ¿Sabes? No soy feliz. No hay goce
como sentir aquella mirada inundadora.
Cuando se me alejaba, me despedí del día.

La claridad brotaba de su directo roce,
pero los devoraron. Y están brotando ahora
penumbras como el pardo rubor de la agonía.

---

[27] Los primeros poemas de esta serie vienen determinados por
los motivos continuos del *Cancionero:* en éste, el hijo muerto
como negación de la luz y el color, como surgimiento, en la claridad devorada, del espacio negativo de la sombra; o la posibilidad
de la esperanza del siguiente poema, frente al debate negativo sobre la posibilidad de la luz del poema 128, o la afirmación de la
imposibilidad de ascender del espacio negativo de «lo descendido» en el poema 129.

[122]

SONREÍR CON LA ALEGRE TRISTEZA DEL OLIVO

Sonreír con la alegre tristeza del olivo.
Esperar. No cansarse de esperar la alegría.
Sonriamos. Doremos la luz de cada día
en esta alegre y triste vanidad del ser vivo.

Me siento cada día más libre y más cautivo
en toda esta sonrisa tan clara y tan sombría.
Cruzan las tempestades sobre tu boca fría
como sobre la mía que aún es un soplo estivo.

Una sonrisa se alza sobre el abismo: crece
como un abismo trémulo, pero valiente en alas.
Una sonrisa eleva calientemente el vuelo.

Diurna, firme, arriba, no baja, no anochece.
Todo lo desafías, amor: todo lo escalas.
Con sonrisa te fuiste de la tierra y del cielo.

[123]

YO NO QUIERO MÁS LUZ
QUE TU CUERPO ANTE EL MÍO

Yo no quiero más luz que tu cuerpo ante el mío:
claridad absoluta, transparencia redonda.
Limpidez cuya entraña, como el fondo del río,
con el tiempo se afirma, con la sangre se ahonda.

¿Qué lucientes materias duraderas te han hecho,
corazón de alborada, carnación matutina?
Yo no quiero más día que el que exhala tu pecho.
Tu sangre es la mañana que jamás se termina.

No hay más luz que tu cuerpo, no hay más sol:
                                     [todo ocaso.
Yo no veo las cosas a otra luz que tu frente.
La otra luz es fantasma, nada más, de tu paso.
Tu insondable mirada nunca gira al poniente.

Claridad sin posible declinar. Suma esencia
del fulgor que ni cede ni abandona la cumbre.
Juventud. Limpidez. Claridad. Transparencia
acercando los astros más lejanos de lumbre.

Claro cuerpo moreno de calor fecundante.
Hierba negra el origen; hierba negra las sienes.
Trago negro los ojos, la mirada distante.
Día azul. Noche clara. Sombra clara que vienes.

Yo no quiero más luz que tu sombra dorada
donde brotan anillos de una hierba sombría.
En mi sangre, fielmente por tu cuerpo abrasada,
para siempre es de noche; para siempre es de día.

[124]

19 DE DICIEMBRE DE 1937

Desde que el alba quiso ser alba, toda eres
madre. Quiso la luna profundamente llena.
En tu dolor lunar he visto dos mujeres,
y un removido abismo bajo una luz serena.

¡Qué olor de madreselva desgarrada y hendida!
¡Qué exaltación de labios y honduras generosas!
Bajo las huecas ropas aleteó la vida,
y se sintieron vivas bruscamente las cosas.

Eres más clara. Eres más tierna. Eres más suave.
Ardes y te consumes con más recogimiento.
El nuevo amor te inspira la levedad del ave
y ocupa los caminos pausados de tu aliento.

Ríe, porque eres madre con luna. Así lo expresa
tu palidez rendida de recorrer lo rojo;
y ese cerezo exhausto que en tu corazón pesa,
y el ascua repentina que te agiganta el ojo.

Ríe, que todo ríe: que todo es madre leve.
Profundidad del mundo sobre el que te has quedado
sumiéndote y ahondándote mientras la luna mueve,
igual que tú, su hermosa cabeza hacia otro lado.

Nunca tan parecida tu frente al primer cielo.
Todo lo abres, todo lo alegras, madre, aurora.
Vienen rodando el hijo y el sol. Arcos de anhelo
te impulsan. Eres madre. Sonríe. Ríe. Llora.

[125]

MUERTE NUPCIAL

El lecho, aquella hierba de ayer y de mañana:
este lienzo de ahora sobre madera aún verde,
flota como la tierra, se sume en la besana
donde el deseo encuentra los ojos y los pierde.

Pasar por unos ojos como por un desierto:
como por dos ciudades que ni un amor contienen.
Mirada que va y vuelve sin haber descubierto
el corazón a nadie, que todos la enarenen.

Mis ojos encontraron en un rincón los tuyos.
Se descubrieron mudos entre las dos miradas.
Sentimos recorrernos un palomar de arrullos,
y un grupo de arrebatos de alas arrebatadas.

Cuanto más se miraban más se hallaban: más
                                        [hondos
se veían, más lejos, y más en uno fundidos.
El corazón se puso, y el mundo, más redondos.
Atravesaba el lecho la patria de los nidos.

Entonces, el anhelo creciente, la distancia
que va de hueso a hueso recorrida y unida,
al aspirar del todo la imperiosa fragancia,
proyectamos los cuerpos más allá de la vida.

Espiramos del todo. ¡Qué absoluto portento!
¡Qué total fue la dicha de mirarse abrazados,
desplegados los ojos hacia arriba un momento,
y al momento hacia abajo con los ojos plegados!

Pero no moriremos. Fue tan cálidamente
consumada la vida como el sol, su mirada.
No es posible perdernos. Somos plena simiente.
Y la muerte ha quedado, con los dos, fecundada.

[126]

EL NIÑO DE LA NOCHE

Riéndose, burlándose con claridad del día,
se hundió en la noche el niño que quise ser dos
                                                    [veces.
No quise más la luz. ¿Para qué? No saldría
más de aquellos silencios y aquellas lobregueces.

Quise ser... ¿Para qué?... Quise llegar gozoso
al centro de la esfera de todo lo que existe.
Quise llevar la risa como lo más hermoso.
He muerto sonriendo serenamente triste.

Niño dos veces niño: tres veces venidero.
Vuelve a rodar por ese mundo opaco del vientre.
Atrás, amor. Atrás, niño, porque no quiero
salir donde la luz su gran tristeza encuentre.

Regreso al aire plástico que alentó mi inconsciencia.
Vuelvo a rodar, consciente del sueño que me cubre.
En una sensitiva sombra de transparencia,
en un íntimo espacio rodar de octubre a octubre.

Vientre: carne central de todo lo existente.
Bóveda eternamente si azul, si roja, oscura.
Noche final en cuya profundidad se siente
la voz de las raíces y el soplo de la altura.

Bajo tu piel avanzo, y es sangre la distancia.
Mi cuerpo en una densa constelación gravita.
El universo agolpa su errante resonancia
allí, donde la historia del hombre ha sido escrita.

Mirar, y ver en torno la soledad, el monte,
el mar, por la ventana de un corazón entero
que ayer se acongojaba de no ser horizonte
abierto a un mundo menos mudable y pasajero.

Acumular la piedra y el niño para nada:
para vivir sin alas y oscuramente un día.
Pirámide de sal temible y limitada,
sin fuego ni frescura. No. Vuelve, vida mía.

Mas, algo me ha empujado desesperadamente.
Caigo en la madrugada del tiempo, del pasado.
Me arrojan de la noche. Y ante la luz hiriente
vuelvo a llorar, como siempre he llorado.

[127]

EL HOMBRE NO REPOSA...

El hombre no reposa: quien reposa es su traje
cuando, colgado, mece su soledad con viento.
Mas, una vida incógnita como un vago tatuaje
mueve bajo las ropas dejadas un aliento.

El corazón ya cesa de ser flor de oleaje.
La frente ya no rige su potro, el firmamento.
Por más que el cuerpo, ahondando por la quietud,
                                                    [trabaje,
en el central reposo se cierne el movimiento.

No hay muertos. Todo vive: todo late y avanza.
Todo es un soplo extático de actividad moviente.
Piel inferior del hombre, su traje no ha expirado.

Visiblemente inmóvil, el corazón se lanza
a conmover al mundo que recorrió la frente.
Y el universo gira como un pecho pausado.

[128]

SIGO EN LA SOMBRA, LLENO DE LUZ: ¿EXISTE EL DÍA?

Sigo en la sombra, lleno de luz: ¿existe el día?
¿Esto es mi tumba o es mi bóveda materna?
Pasa el latido contra mi piel como una fría
losa que germinara caliente, roja, tierna.

Es posible que no haya nacido todavía,
o que haya muerto siempre. La sombra me
                          [gobierna.
Si esto es vivir, morir no sé yo qué sería,
ni sé lo que persigo con ansia tan eterna.

Encadenado a un traje, parece que persigo
desnudarme, librarme de aquello que no puede
ser yo y hace turbia y ausente la mirada.

Pero la tela negra, distante, va conmigo
sombra con sombra, contra la sombra hasta
                          [que ruede
a la desnuda vida creciente de la nada.

[129]

VUELO

Sólo quien ama vuela. Pero, ¿quién ama tanto
que sea como el pájaro más leve y fugitivo?
Hundiendo va este odio reinante todo cuanto
quisiera remontarse directamente vivo.

Amar... Pero, ¿quién ama? Volar... Pero, ¿quién
                                             [vuela?

Conquistaré el azul ávido de plumaje,
pero el amor, abajo siempre, se desconsuela
de no encontrar las alas que da cierto coraje.

Un ser ardiente, claro de deseos, alado,
quiso ascender, tener la libertad por nido.
Quiso olvidar que el hombre se aleja encadenado.
Donde faltaba plumas puso valor y olvido.

Iba tan alto a veces, que le resplandecía
sobre la piel el cielo, bajo la piel el ave.
Ser que te confundiste con una alondra un día,
te desplomaste otro como el granizo grave.

Ya sabes que las vidas de los demás son losas
con que tapiarte: cárceles con que tragar la tuya.
Pasa, vida, entre cuerpos, entre rejas hermosas.
A través de las rejas, libre la sangre afluya.

Triste instrumento alegre de vestir; apremiante
tubo de apetecer y respirar el fuego.
Espada devorada por el uso constante.
Cuerpo en cuyo horizonte cerrado me despliego.

No volarás. No puedes volar, cuerpo que vagas
por estas galerías donde el aire es mi nudo.
Por más que te debatas en ascender, naufragas.
No clamarás. El campo sigue desierto y mudo.

Los brazos no aletean. Son acaso una cola
que el corazón quisiera lanzar al firmamento.
La sangre se entristece de debatirse sola.
Los ojos vuelven tristes de mal conocimiento.

Cada ciudad, dormida, despierta loca, exhala
un silencio de cárcel, de sueño que arde y llueve
como un élitro ronco de no poder ser ala.
El hombre yace. El cielo se eleva. El aire mueve.

[130] [28]

SEPULTURA DE LA IMAGINACIÓN

Un albañil quería... No le faltaba aliento.
Un albañil quería, piedra tras piedra, muro
tras muro, levantar una imagen al viento
desencadenador en el futuro.

Quería un edificio capaz de lo más leve.
No le faltaba aliento. ¡Cuánto aquel ser quería!
Piedras de plumas, muros de pájaros los mueve
una imaginación al mediodía.

Reía. Trabajaba. Cantaba. De sus brazos,
con un poder más alto que el ala de los truenos,
iban brotando muros lo mismo que aletazos.
Pero los aletazos duran menos.

Al fin, era la piedra su agente. Y la montaña
tiene valor de vuelo si es totalmente activa.
Piedra por piedra es peso y hunde cuanto acompaña
aunque esto sea un mundo de ansia viva.

Un albañil quería... Pero la piedra cobra
su torva densidad brutal en un momento.
Aquel hombre labraba su cárcel. Y en su obra
fueron precipitados él y el viento.

---

[28]   La metáfora del albañil que, al elevar las manos está construyendo su cárcel, le hace recuperar el símbolo positivo del viento en el verso final y la intensidad autobiográfica a lo largo del
poema, narración metaforizada de la propia historia personal
hasta esta «sepultura de la imaginación».

[131] [29]

ETERNA SOMBRA

Yo que creí que la luz era mía
precipitado en la sombra me veo.
Ascua solar, sideral alegría
ígnea de espuma, de luz, de deseo.

Sangre ligera, redonda, granada:
raudo anhelar sin perfil ni penumbra.
Fuera, la luz en la luz sepultada.
Siento que sólo la sombra me alumbra.

Sólo la sombra. Sin rastro. Sin cielo.
Seres. Volúmenes. Cuerpos tangibles
dentro del aire que no tiene vuelo,
dentro del árbol de los imposibles.

Cárdenos ceños, pasiones de luto.
Dientes sedientos de ser colorados.
Oscuridad del rencor absoluto.
Cuerpos lo mismo que pozos cegados.

---

[29] Las claves semánticas son las que hemos recorrido en las anteriores composiciones. La importancia de ésta, una de las últimas que escribiera, es la actitud sintética que manifiesta: síntesis dialéctica del pensamiento hernandiano es aquí la *luz,* que en un contexto amplio de oposición de contrarios (vida-muerte; amorodio; elevado-descendido; sombra-luz) reafirma su vigencia futura. Esta reafirmación, en la estrofa final, tuvo un bellísimo análisis por parte de Leopoldo de Luis («Dos notas a un poema de Miguel Hernández», *Papeles de Son Armadans,* núm. LXVII, octubre de 1961, pág. 71) donde, al plantearse una variante de los dos últimos versos: «Si por un rayo de sol nadie lucha / nunca ha de verse la sombra vencida» analiza el paso de la situación de duda, marcada por el condicional, a la «absoluta convicción» de la segunda redacción.

Falta el espacio. Se ha hundido la risa.
Ya no es posible lanzarse a la altura.
El corazón quiere ser más de prisa
fuerza que ensancha la estrecha negrura.

Carne sin norte que va en oleada
hacia la noche siniestra, baldía.
¿Quién es el rayo de sol que la invada?
Busco. No encuentro ni rastro del día.

Sólo el fulgor de los puños cerrados,
el resplandor de los dientes que acechan.
Dientes y puños de todos los lados.
Más que las manos, los montes se estrechan.

Turbia es la lucha sin sed de mañana.
¡Qué lejanía de opacos latidos!
Soy una cárcel con una ventana
ante una gran soledad de rugidos.

Soy una abierta ventana que escucha,
por donde ver tenebrosa la vida.
Pero hay un rayo de sol en la lucha
que siempre deja la sombra vencida.

E[30]

POEMAS TACHADOS EN EL CANCIONERO DE AUSENCIAS

---

[30] El conjunto de poemas que siguen son composiciones tachadas en el manuscrito B (a excepción de la 16 que procede de OC, donde se indica que está tachada y desconocemos su manuscrito). Aunque Hernández tacha efectivamente de diferentes formas, como repararon todos sus editores, haciéndolo a veces minuciosamente, o a veces con una cruz solamente, no tiene ningún sentido incorporar al texto de la obra estas canciones, al menos sin indicar claramente que el autor parecía que no las aprobaba. La número 9 y la 16 —en ésta indicando la tachadura en nota— aparecen en PC; 3, 4, 6, 11 y 12 están en CRA1984 en el apartado de «Nueve canciones inéditas» —las cuatro que faltan están en el grupo segundo de esta edición al no estar canceladas por el autor; 1, 7, 10, 14 y 15 las publiqué en el número citado de *Canelobre;* 2, 5, 8 y 13 aparecen aquí por primera vez. El orden hasta la número 15 responde a su presencia en el conjunto B. La numeración, como dije anteriormente, empieza de nuevo para este conjunto, diferenciándolo así del restante núcleo textual.

[1]

Duérmete, pena.
Déjame dormir.
Pena de marzo.
Dolor de abril.
Ansia de mayo,
de no tenerte aquí.

[2]

CASA CERRADA

El hijo muerto no cierra las puertas.
El marido ausente, sí.
Ausentes del corazón,
ausentes de mí.

[3]

Yo solo.
Entre estas cuatro paredes
yo solo y un volcán.
Nadie nos apagará.
Yo solo
Yo solo sobre este lecho
de escarcha, y mi volcán.
Nadie nos apagará.

[4]

Ausente, ausente,
ausente lejano.
Dame desde lejos
carta de tu mano,
sangre de tu puño y letra,
calor de tu cuerpo humano.

[5] [31]

MI CUERPO

Mi cuerpo sin tu cuerpo,
canal a palo seco,
tendido en una sábana
de mármol y desiertos.

¡Qué triste un cuerpo solo!

Mi cuerpo sin el tuyo,
como mi yo sin otro,
brumoso de rocío,
temblando más que otoño.

¡Qué triste un cuerpo solo!

---

[31] En la hoja 2.ª del grupo B (164/A-337) aparece esta composición, tachada, en la que Hernández recoge probablemente un instante de evocación carcelaria de la amada resuelto en una masturbación, indicada por la insistencia en la soledad y los términos «palo seco», «brumoso de rocío», «temblando», etc. Recordemos el temprano juego imaginativo con esta sexualidad solitaria en poemas del gongorino *Perito en lunas* como «Sexo en instante» (Octava 10).

[6]

Encadena mis ojos,
clávame las manos
que detrás de tu sombra
se van clamando.

Átame con tu pelo,
clávame con los clavos
suaves de tus pestañas,
distantes que no alcanzo.

[7]

¿Cuándo vas a volver?
¡Cuando sean gusanos
las manzanas de ayer!

[8]

El hijo primero,
primera alegría.
Primer desengaño.
Primer ataúd
que estrecho en mis brazos,
que deja mi casa
sangrando.

[9]

Se puso el sol.
Pero tu temprano vientre
de nuevo se levantó
por el Oriente.

[10]

Te escribo y el sol
palpita en la tinta.

¡Ausencia viva!

Te espero... La lluvia
se ciñe a mi espera.

¡Ausencia muerta!

[11]

Nadie se da cuenta
de estos zapatos,
junto a los que corro
y caigo.

Nadie se da cuenta
de estas ropas
junto a las que vela
y llora.

[12]

¿Qué aguardas, mesa?
¿Qué esperas, silla?
¿Para quién seguís en pie?
Para aquella lejanía.

[13]

El sol y la luna quieren
que nunca nos separemos.
Nunca. Pero el tiempo.

¿Y de qué está el tiempo hecho
si no de soles y lunas?

Pero el tiempo... Nunca.

[14]

Este molino donde
el árabe molía
parece un recuerdo
de la sangre mía,
dorado en la noche,
dorado en el día.

[15]

Sobre el cuerpo de la luna
nadie pone su calor.
Frente a frente sol y luna
entre la luna y el sol
que se buscan y no se hallan
    tú y yo.
Pero por fin se hallarán
nos hallaremos, amor,
y el mundo será redondo
hacia nuestro corazón.

[16]

Me tendí en la arena
para que el mar me enterrara,
me dejara, me cogiera,
¡ay de la ausencia!

ÍNDICE DE PRIMEROS VERSOS
Y TÍTULOS